ABRAHAMS KÜCHE

Neue Esskultur und Rezepte
aus Israel und Palästina

gestalten

INHALT

Titelbild: **Teigtaschen mit würzigem Zatar sind ein typisches Gericht aus der Küche Nordisraels. (Seite 54)**

EINLEITUNG
4 Essen im gelobten Land

DER NORDEN
12 Über die Region
34 Rezepte – Gaben von
    Land und Meer

TEL AVIV
86 Über die Region
104 Rezepte – Der Geschmack
    des Neues

JERUSALEM
156 Über die Region
172 Rezepte – Der Tradition
    verbunden

DER SÜDEN
222 Über die Region
238 Rezepte – Aromen der Wüste

GRUNDREZEPTE
282 Gewürze, Fonds
    und Grundzutaten

296 Glossar
298 Index

EINLEITUNG
4 Essen im gelobten Land

DER NORDEN
12 Über die Region

REZEPTE AUS DEM SÜDEN
238 Aromen der Wüste

GRUNDREZEPTE
282 Gewürze, Fonds
    und Grundzutaten

REZEPTE AUS DEM NORDEN
34 Gaben von Land und Meer

JERUSALEM
156 Über die Region

REZEPTE AUS TEL AVIV
104 Der Geschmack des Neuen

TEL AVIV
86 Über die Region

REZEPTE AUS JERUSALEM
172 Der Tradition verbunden

DER SÜDEN
222 Über die Region

EINLEITUNG

ESSEN IM GELOBTEN LAND

Regional und global, uralt und modern. Viele der im Laufe der Zeit immer wieder abgewandelten Gerichte in diesem Teil der Welt sind jahrtausendealt und könnten mit ihrer Geschichte ganze Bücher füllen. Die hiesige Esskultur ist genauso in Traditionen verwurzelt, wie sie aufbricht und das Neue sucht.

Von Großstädten mit ihrer vielfältigen Bevölkerung bis zu winzigen Dörfern an den Berghängen – das gemeinsame Essen kann alle vereinen. **Gegenüberliegende Seite: Moderne, lebhafte und schön gestaltete Orte wie das Restaurant Ha'achim in Tel Aviv lassen den Besucher gleich ahnen, dass er hier eine neue Dimension der israelischen Küche kennenlernen wird.**

Eine Aubergine war der Auslöser der Debatte. Über Holzkohle gegrillt. Sorgfältig geschält. Mit Olivenöl beträufelt. Mit Tahin serviert. So einfach und köstlich. Aber eine Aubergine ist eben nicht nur eine Aubergine – zumindest nicht in Israel, wo ein unkompliziertes Gericht Anlass einer hitzigen Auseinandersetzung werden kann. Denn wer hat eigentlich dieses Rezept erfunden? Der Schlagabtausch zwischen den großen jüdischen und arabischen Chefköchen wurde in den Zeitungen umfassend dokumentiert. Eines ist sicher, alle scheinen dieses Gericht zu lieben, aber wer darf Anspruch auf seine Erfindung erheben? Diese schlichte Aubergine ist zum Symbol der Debatte über die neue israelische Küche geworden.

So wie alle Anspruch auf diese Region erheben, in der es im letzten Jahrhundert unzählige kulturelle Veränderungen, immer wieder neue Grenzziehungen, Zerstörung, Wiederherstellung und Wachstum gab, wollen auch alle die hiesige Esskultur für sich reklamieren. Ein einfaches Gericht kann unzählige persönliche Geschichten erzählen und jeder kleine Happen davon trägt ein enormes kulturelles, historisches und politisches Gewicht. Dies betrifft grundlegende Speisen wie Hummus, oder Falafel, und eben auch die Aubergine.

Die große Debatte um die Aubergine veranschaulicht, warum die Küche dieser Region so besonders ist. Inspirationsquelle für das Rezept war eigentlich Baba Ghanoush, ein aus dem Nahen Osten stammendes Gericht aus dem Fruchtfleisch gegrillter Auberginen, vermischt mit Tahin. Aber woher kommt Baba Ghanoush, und wer hat es in die moderne israelische Küche eingeführt? Baba Ghanoush ist unverzichtbar auf jeder Mezze-Platte in jener Region, die früher als Großsyrien bezeichnet wurde (dazu gehören das heutige Syrien, der Libanon, Jordanien, Israel und die palästinensischen Autonomiegebiete). Einige behaupten wiederum, es stamme eigentlich aus der türkischen Küche. Über vier Jahrhunderte gehörte Großsyrien, und das heutige israelische Staatsgebiet als Teil davon, zum Osmanischen Reich. Juden aus der Türkei und vom Balkan haben ähnliche Gerichte mit nach Israel gebracht, und 1492, also bereits viel früher, haben aus Spanien vertriebene Juden im Osmanischen Reich eine neue Heimat gefunden, und vielleicht waren sie es, die ihre Liebe zur Aubergine mitgebracht haben. Und wenn wir schon so weit zurückschauen, dann führt uns der Weg zwangsläufig nach Indien, wo die Aubergine eigentlich herkommt. Das Tahin, welches dazugegeben wird, besteht heutzutage übrigens aus Sesam, der in Afrika angebaut wird, da Israel nicht länger in großem Stil Sesam angebaut und verarbeitet. Großsyrien, Türkei, Indien, Afrika – will man diesem Gericht ernsthaft noch eine lokale Identität zusprechen?

Kern der Auseinandersetzung war aber natürlich nicht die Frage, wo die Zutaten herkommen, sondern woher die eigentliche Idee für dieses Gericht stammt. Indem die israelischen Köche die Erfindung für sich beanspruchten, versuchten sie der Entwicklungsgeschichte dieser Speise ihre eigene Mythologie überzustülpen. Die palästinensischen Köche wollten sich unterdessen nur etwas zurückholen, von dem sie glaubten, dass es rechtmäßig ohnehin ihnen zustehe.

In gewisser Weise entspricht die jeweilige Vereinbarung dieses Gerichts dem Versuch beider Seiten, den jeweils eigenen Schöpfungsmythos zu bestätigen und damit das jeweils eigene Verständnis von Israel.

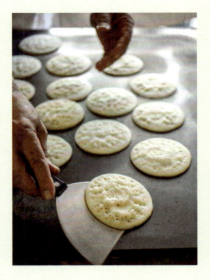

Gegenüberliegende Seite: **Das gemeinsame Essen ist in diesem Teil der Welt oft von einer Atmosphäre der Ausgelassenheit getragen. Die meisten Gerichte werden von allen geteilt, und das Kochen ist genauso wichtig wie das gemeinsame Essen mit Freunden und der Familie.** Oben: **Diese gefüllten arabischen Pfannkuchen werden Ataif genannt und gewöhnlich am Ende einer Mahlzeit mit türkischem Kaffee serviert.**

Hinter einem einfachen Gericht verbergen sich mitunter unzählige persönliche Geschichten, und jeder einzelne Happen davon trägt eine kulturelle, historische und politische Bedeutung in sich.

EINLEITUNG

Oben: **Wenn die Sonne untergeht, wird das Straßenleben in Tel Aviv zum Nachtleben und die Tische vor den Restaurants bleiben besetzt.** Unten und gegenüberliegende Seite: **Gegrillte ganze Fische sowie Blumenkohl und Kichererbsen mit Tahin sind Lieblingsspeisen, die das ganze Jahr über angeboten werden.**

Diese überaus komplexen Zusammenhänge kommen in dieser köstlichen Speise aus Auberginen zum Tragen, die Tausende Menschen in Israel jeden Tag genießen, und zwar unabhängig von ihrer Herkunft.

Am Ende kann gutes Essen uns alle zusammenbringen. In der Küche. Am Tisch. Auf dem Markt. Im Café oder Restaurant. Während das heutige Israel weniger als siebzig Jahre alt ist – wohl kaum genug Zeit, um eine tief verwurzelte Esskultur entstehen zu lassen – hat die geografische Region eine überaus vielfältige und reiche kulinarische Geschichte zu bieten. Unzählige Eroberer, Händler und Pilger sind im Verlauf der Jahrtausende in das Gelobte Land gekommen und haben hier ihre Spuren hinterlassen. In der lokalen Kultur finden sich immer noch Einflüsse der Griechen, Römer, Mamelucken, Osmanen, Byzantiner und Kreuzfahrer. Überdies haben Juden über mehrere tausend Jahre an vielen unterschiedlichen Orten gelebt und die Esskulturen ihrer Umgebung übernommen und verändert. Das heißt, die Immigranten hatten nur wenig gemeinsam, abgesehen von den Regeln für kosheres Essen und einigen wenigen Gerichten, die am Sabbat und anderen jüdischen Feiertagen auf den Tisch kamen. Mit der Gründung des Staates Israel war die Zeit reif für eine neue israelische Küche, die sich die Vielfalt der Einflüsse zu eigen machte. In den ersten Jahren, die von Entbehrungen gekennzeichnet waren und in denen es kaum Fleisch gab, griffen die Juden auf arabische Gerichte wie Hummus mit Tahin und Falafel zurück und verwandelten sie, sehr zum Unmut der Palästinenser, in israelische „Nationalgerichte". Die Palästinenser sahen in dieser kulturellen Aneignung ein Pendant der Besetzung, ein Symbol des andauernden arabisch-israelischen Konflikts. Über viele Jahre wurden die einheimischen arabischen Restaurants im Hebräischen als „orientalisch" bezeichnet, ein vager Begriff, der die palästinensische Identität in der Esskultur negierte.

Erst in den 1960er- und 1970er-Jahren, als sich die wirtschaftliche Situation des Landes stabilisierte und sich allmählich eine eigene israelische Fusionsküche entwickelte, entstand ein echter Diskurs über die Kochkunst. Speisen unterschiedlicher Ethnien – nordafrikanischer Couscous und Shakshuka, gehackte Leber und Schnitzel aus Europa, Börek oder Burek aus der Türkei oder vom Balkan und jemenitisches Gebäck – wurden Teil der kulinarischen Vielfalt an Straßenständen und in den häuslichen Küchen.

In den 1980er-Jahren führten die zunehmende Sicherheit und die wirtschaftliche Stabilität zu einem wachsenden Interesse an einer Freizeitkultur und dadurch auch an einer Esskultur. Immigranten aus der dritten Generation, die nicht länger mit den durch die Diaspora hervorgerufenen Komplexen ihrer Vorfahren zu kämpfen hatten, entdeckten die vielfältigen kulinarischen Traditionen wieder, die ihre Großeltern in ihrer jeweiligen Heimat zurückgelassen hatten.

Das Fehlen einer fest umrissenen Tradition treibt die einheimischen und internationalen Köche fortwährend zu Innovationen an, wobei der Einfluss der palästinensischen Küche in den letzten Jahren konstant zugenommen hat. Sie befindet sich nunmehr auf Augenhöhe mit dem kulinarischen Vermächtnis der jüdischen Einwanderer aus aller Welt oder hat vielleicht sogar noch größere Bedeutung erlangt. Gerichte der sephardischen Juden aus Gegenden, deren geografische Bedingungen mit denen in Israel vergleichbar sind – Nordafrika, Irak, Türkei und der Balkan –, werden den Gerichten der aschkenasischen Juden aus Osteuropa vorgezogen.

Olivenöl, Zitronen, Knoblauch, gepökeltes Fleisch, Lamm, Tahin und einheimische Kräuter sind wesentliche Grundzutaten der sich rasch entwickelnden israelischen Esskultur. Die Früchte der biblischen „Sieben Arten", Weizen, Gerste, Trauben, Oliven, Feigen, Datteln und Granatäpfel, haben bereits in der Antike die Wirtschaft beflügelt und spielen auf den einheimischen Speisekarten immer noch eine große Rolle. Sie werden von verschiedenen Arten an Fisch und Meeresfrüchten aus dem Mittelmeer und frischem Gemüse begleitet. Keine israelische Mahlzeit kommt ohne eine farbenreiche Auswahl von Gemüse aus, das roh gehackt in einem Salat serviert oder als Beilage gegrillt oder gedämpft wird. Der Tabun, ein für die Region typischer Tonofen, findet immer breitere Anwendung. Die Zutaten werden niemals in dicken Saucen und Suppen versteckt, vielmehr mit Olivenöl, Joghurt, Smen (gesalzenem und geklärtem Butterfett) oder Tomaten akzentuiert.

Junge israelische Küchenchefs kehren nach ihrer Ausbildung in Restaurants mit Michelin-Sternen aus Europa zurück und wenden die erlernten modernen Kochverfahren auf traditionelle Rezepte an. Die in erstklassigen internationalen Restaurants ausgebildeten jungen palästinensischen Köche suchen ebenfalls nach neuen Möglichkeiten, die kulinarischen Überlieferungen ihrer Vorfahren umzusetzen. Entstanden ist eine faszinierende und lebendige Gastro-Szene, die der Welt signalisiert, dass die kulinarischen Aromen

Was wirklich zählt, ist das gute Essen, das uns alle zusammenzubringen vermag. In der Küche. Am Tisch. Auf dem Markt.

EINLEITUNG

des Nahen Ostens nicht weniger raffiniert sind als die Klassiker der französischen oder italienischen Küche.

Trotz ihrer vielfältigen Ursprünge und weitreichenden Vergangenheit sucht die neue israelische Küche weiter nach ihrem ganz eigenen Weg und experimentiert entsprechend mit neuen Geschmacksrichtungen und Möglichkeiten. Es ist im Allgemeinen eine leichte mediterrane Küche – vielleicht als Reaktion auf den schwerwiegenden historischen Ballast, oder weil es dem Klima dieser Region angemessen ist –, die intuitiv und kreativ ist und die markanten Aromen der lokalen Zutaten unterstreicht. Es ist eine Küche, die noch in ihren Kinderschuhen steckt, die aber eine vielversprechende und facettenreiche Zukunft vor sich hat, nicht zuletzt aufgrund der enormen Bedeutung der vielen Kulturen, die hier in jedem Gericht zusammenfließen und ihren symbolischen Ausdruck finden.

Israel liegt am Knotenpunkt dreier Kontinente: Asien, Europa und Afrika. In der Geschichte war es eine wichtige Schnittstelle auf den Handelsrouten von China nach Spanien. Obwohl Israel (mit einer Fläche von zirka 20.000 Quadratkilometern) ein eher kleines Land ist, zeichnet es sich durch seine außergewöhnliche geografische und klimatische Vielfältigkeit aus. Auf den höchsten Erhebungen ist es kalt und im Winter liegt dort Schnee. Das Jordantal ist der Ort auf der Welt, der am weitesten unter dem Meeresspiegel liegt, dort herrscht ein geradezu gespenstisch ruhiges Klima, das an den salzverkrusteten Ufern des Toten Meeres seine extremste Ausprägung zeigt. Die Küstenregionen und die Berge im Inneren des Landes erfreuen sich eines angenehmen mediterranen Klimas, während die trockenen und dürren Wüsten im Süden – die Negev- und die Arava-Wüste – wie eine andere Welt wirken.

Die Ungezwungenheit, mit der die kulinarischen Traditionen in Israel vermengt werden, macht es schwierig, die Gerichte bestimmten Heimatregionen zuzuordnen. Doch bilden sich langsam unterschiedliche Bereiche mit geografischen, kulturellen und kulinarischen Besonderheiten heraus. Für dieses Buch haben wir das Land in vier Kapitel unterteilt, die den verschiedenen Landschaften und der jeweiligen lokalen Küche entsprechen: Vom bergigen Norden, der durch die Grenze zwischen Israel und dem Libanon, Syrien und Jordanien gekennzeichnet ist, über Jerusalem, Israels Hauptstadt und die umgebenden Berge, sowie Tel Aviv an der Mittelmeerküste und die Mitte des Landes bis zu den kultivierten Wüstenregionen und Siedlungen des Südens.

In jedem Kapitel beschreiben wir den historischen und kulturellen Kontext der jeweiligen Region. Wir haben uns alle Mühe gegeben, die einzigartige Atmosphäre der verschiedenen Regionen einzufangen, indem wir die Aromen, Gerüche und den Klang dieser Landschaften so authentisch und anschaulich wie möglich zu vermitteln versuchen. Denn letztlich ist jede Region – und ihre Küche – ein Produkt der dort lebenden Menschen, der schillernden, temperamentvollen und unerschrockenen Bevölkerung, die Sie zum Klingen bringt.

Wir haben während der Arbeit an diesem Buch viele Freunde gewonnen. Ohne sie wäre das Projekt nicht gelungen. Wir wünschen uns sehr, dass dieses Buch die Vision einer besseren Zukunft beflügelt. Einer Zukunft, in der wir zu den einfachen und wirklich wichtigen Dingen zurückfinden:

Leben. Essen. Menschen.

Die israelischen und palästinensischen Köche versuchen, die kulinarischen Traditionen ihrer Vorfahren auf neue und kreative Weise zu interpretieren.

Gegenüberliegende Seite: **Iris verkauft Gewürze, Nüsse und Saaten auf dem Levinsky-Markt in Tel Aviv.** Unten: **Vor dem Verlassen des Geschäfts fällt der Blick auf die farbenfrohen Süßigkeiten.**

ÜBER DIE REGION

DER NORDEN

Die Hafenstadt Acre, das beschauliche Galiläische Meer und die schroffen Felsen der Golanhöhen spiegeln das facettenreiche und zutiefst traditionelle kulinarische Erbe dieser Region wider. Die Koch- und Esskultur folgt dem Wechsel der Jahreszeiten, während Elemente der großsyrischen Küche immer noch eine bedeutende Rolle spielen.

VIER JAHRESZEITEN UND GUTES ESSEN

Der Norden Israels, vom Libanon, Syrien und dem Mittelmeer begrenzt, hat zwar geografisch gesehen eine etwas prekäre Lage, zeichnet sich aber zugleich durch ein überaus reiches kulturelles und ökologisches Erbe aus. Es ist die einzige Region Israels, in der es ein gemäßigtes Anbauklima und vier verschiedene Jahreszeiten gibt. Die Höhenlagen und das vielfältige Terrain sorgen für eine große Fülle an Früchten, Gemüsen und Gewürzen.

Viele lokale Produkte kommen von kleinen, traditionell bestellten Feldern, dieses uralte Wissen über den Ackerbau wird seit Generationen weitergegeben.

Biobauern wie Benny Elbaz vollbringen auf dem rauen Terrain in Israels Norden wahre Wunder, sie halten hier Pferde (oben) und Hühner (unten) und bestellen ihre Felder. Rechts: Hinter den Sandsteinmauern und den roten Dächern der Altstadt von Nazareth sind vielfältige kulinarische Traditionen zu Hause, viele spiegeln immer noch die Küche von Beirut und Damaskus wider.

Frühmorgens im Sommer treffen auf den Märkten in Galiläa nach und nach die Weinblatt-Händler ein. Die weißen Plastiksäcke, die sie auf dem Rücken tragen, sind zum Bersten mit den frischen grünen Blättern gefüllt. Überall auf dem Markt stapeln sich zu hohen Türmen Weinblätter, die hier gerne gefüllt gegessen werden.

Die Händler schichten an ihren Ständen Kisten mit frischem Gemüse auf: darin die langen grünen Schoten der Lubiya (Schwarzaugenbohnen), die festen kleinen Okrakapseln und die lokalen Gurken- und Zucchinisorten (auch Baladi genannt). Dazu gehören die flaschenförmige Kar'a-Zucchini mit ihrer etwas welk anmutenden Schale und dem herrlichen Geschmack oder Fakos, die armenische Gurke mit einer blassen und leicht behaarten Außenhaut, sowie Harosh, eine Babymelone, die geerntet wird, bevor sie ausgereift ist. Diese Sorten, die nirgends in industriellem Ausmaß angebaut werden, stammen von kleinen Feldern, die traditionell bestellt werden – das uralte Wissen

Die bauchige Kar'a-Zucchini und die zum Füllen bereiten frischen grünen Weinblätter (rechts) werden auf den Märkten in Galiläa meistens von einheimischen Kleinbauern verkauft.

Es ist eine der in religiöser und ethnischer Hinsicht facettenreichsten Regionen Israels. Hier leben und essen Muslime, Juden, Christen, Drusen und Tscherkessen Seite an Seite.

DIE SABRA

über den Ackerbau wird von Generation zu Generation weitergegeben. Die genannten Gemüsesorten sind nur einige Beispiele für das reiche ökologische Erbe des Nordens, wo das Terrain und die Höhenlagen nicht unterschiedlicher sein könnten. Es ist die einzige Region Israels, in der es so etwas wie ein gemäßigtes Anbauklima und vier verschiedene Jahreszeiten gibt.

Es ist eine der in religiöser und ethnischer Hinsicht facettenreichsten Regionen Israels, hier leben Muslime, Juden, Christen, Drusen und Tscherkessen – ein Volk aus dem nördlichen Kaukasus, welches im zaristischen Russland aus seiner Heimat vertrieben und in der Zeit des Osmanischen Reichs umgesiedelt wurde – Seite an Seite. Trotz der fortdauernden politischen und religiösen Spannungen in Israel hat sich der Norden die kosmopolitische Atmosphäre des historischen Großsyriens – dazu gehörten das heutige Syrien, der Libanon, Jordanien, Israel und die palästinensischen Gebiete – erhalten.

Bis Mitte des 20. Jahrhunderts stand die Region unter wechselnder Herrschaft. Jede hinterließ ihre Spuren in der einheimischen Tradition. Die Shami-Esskultur, die Küche Großsyriens, war allen Bewohnern dieses geografischen und kulturellen Raums sehr vertraut. Die Küche von Nazareth und Acre spiegelt immer noch die von Beirut und Damaskus. Dieses gemeinsame kulinarische Erbe ist durch bestimmte typische Zutaten gekennzeichnet wie zum Beispiel Olivenöl und Lammfleisch oder aber auch traditionelle Methoden wie das Kochen mit Joghurt und Gepflogenheiten wie die Kultur der Mezze, kleine Teller mit warmen und kalten Gerichten, die in die Mitte des Tischs gestellt und mit Arak, einem beliebten anishaltigen alkoholischen Getränk, serviert werden.

Der größte Teil des heute in Israel verwerteten Getreides wird importiert, aber es gibt immer noch die kleinen Kornmühlen in dieser Region, in denen der vor Ort angebaute Weizen zu Bulgur, Hartweizengrieß oder Brotmehl

Die Sabra, auch Stachelbirne oder Kaktusfeige genannt, hat im Juli und August ihre Hochsaison. Dann wird sie entlang der Straßen an kleinen Ständen an Passanten verkauft. Sie hat eine grüne oder gelbe Farbe, manchmal ist sie auch leuchtend pink. Ihr Inneres ist so zart wie ihr Äußeres widerborstig. Es heißt, dass die Kaktusfeige vor über hundert Jahren aus Südamerika oder dem Südwesten der USA eingeführt wurde, jedenfalls ist sie ein unverzichtbarer Bestandteil der israelischen Landschaft geworden. Der Begriff „Sabra" bezeichnet zudem einen stolzen gebürtigen Israeli.

Auf den offenen Märkten in Galiläa treffen nach und nach die vielen Weinblatt-Händler ein. Sie tragen weiße Säcke auf dem Rücken, randvoll mit den frischen grünen Blättern.

ZATAR UND VIELES MEHR: HÄUFIG GEBRAUCHTE GEWÜRZMISCHUNGEN

Obwohl Zatar, die Gewürzmischung aus Sumak, Salz, Thymian und Sesamsamen, hier allgegenwärtig ist, bringen die jüdischen und arabischen Köche mittlerweile aus der ganzen Welt auch andere Geschmackskompositionen mit, zum Beispiel Zhug, eine scharfe jemenitische Gewürzpaste aus grünen Chilischoten, Koriandergrün, Knoblauch, Zitrone und einer Mischung aus Kreuzkümmel, Koriander und Kardamom, die häufig als Beigabe für Hummus verwendet wird. Hawaj, eine andere Gewürzmischung aus dem Jemen, besteht aus Ingwer, Zimt, Kardamom und Nelken und kann zur geschmacklichen Abrundung von Desserts, aber auch herzhaften Gerichten benutzt werden. Mit Baharat aus dem Irak werden vor allem Fleischeintöpfe gewürzt, es ist eine Kombination aus schwarzem Pfeffer, Kardamom, Nelken, Muskatnuss, Koriandersamen, Paprika und Chili.

Wildkräuter, die in der lokalen Küche, aber auch in der Volksmedizin Verwendung finden, stellen immer noch eine wesentliche Grundlage der hiesigen Esskultur dar.

Oben: **Kleine Läden wie der von Marwan Kurdi in Acre bieten eine große Auswahl an einheimischen Gewürzen an.**
Rechts: **Besonders gutes Essen findet man in Israel häufig an Orten, wo das Dekor spärlich, die Atmosphäre dafür von Herzlichkeit getragen ist. So zum Beispiel im Hummus-Restaurant von Abu Elias in Acre.**

verarbeitet wird. Außerdem stellen familiengeführte Bäckereien die verschiedenen für den Nahen Osten typischen Fladenbrote her. Seit einiger Zeit eröffnen zudem kleine Bäckereien, die ihre eigenen, von der französischen und kalifornischen Brotkultur inspirierten Sauerteigbrote anbieten. Ein paar Wochen bevor der Weizen reif ist, bringt er eine ganz spezielle Köstlichkeit hervor. Freekeh – mit Grünkern vergleichbar, eine Art grüner Weizen, der schon in der Bibel beschrieben ist – wird auf dem offenen Feld direkt nach der Ernte geröstet und ist Grundlage vieler traditioneller Gerichte.

In den Fischrestaurants der Hafenstadt Haifa, die an den Ausläufern des Karmelgebirges liegt, kommt der frische Tagesfang auf den Tisch, während andere israelische und arabische Speiselokale – vom Gourmetrestaurant bis zum kleinen Schnellimbiss – in unmittelbarer Nähe zueinander ihre eigenen Variationen jahrzehnte- oder gar jahrhundertealter Gerichte anbieten.

An der Küste weiter aufwärts, wo das Meer gegen Ende des Sommers abzukühlen beginnt, kehren die Fischer aus Acre jeden Morgen mit ihren Booten in den Hafen zurück und bringen frischen Zackenbarsch – den König unter den einheimischen Fischen – sowie Umberfisch, Red Snapper, Blaukrabben und Riesengarnelen mit.

Zu allen möglichen religiösen oder auch säkularen Anlässen kommen die Schätze der Natur auf den Tisch. Die engen persönlichen Beziehungen zwischen den Handelspartnern sind über einen langen Zeitraum gewachsen – es ist daher nicht ungewöhnlich, wenn einzelne Bauern das gleiche Restaurant über viele Jahre beliefern.

Man sollte unbedingt nach den außergewöhnlichen Sorten Ausschau halten, die jedes Jahr nur für kurze Zeit auf den Märkten erhältlich sind. Einige von ihnen werden angebaut, andere wild gesammelt, wie die herben grünen Kirschpflaumen, die violetten und gelben Feigen und die orangefarbene Kaktusfeige, die auch Sabra (das Wort bezeichnet in der Umgangssprache auch jemanden, der in Israel geboren ist, vgl. auch S. 17) genannt wird.

ÜBER DIE REGION / DER NORDEN

Gerichte wie dieses kommen im wahrsten Sinne des Wortes frisch aus dem Meer – sie werden mit lokal angebauten Gewürzen und auf der Basis uralter Rezepte zubereitet.

Familieneigene Bäckereien stellen verschiedene für den Nahen Osten typische Fladenbrote her.

Links: **In Abu Salems Café in der Altstadt von Nazareth wird der türkische Kaffee seit langer Zeit auf die gleiche Weise aufgebrüht.** Gegenüberliegende Seite: **Einheimische treffen sich zum Kartenspiel im Café.**

Die Cafés sind beliebte Treffpunkte der Einheimischen – viele Gäste kommen täglich, nippen an ihrem Kaffee, spielen Karten und sprechen über die Ereignisse des Tages.

Aus den Bergen Galiläas und von den Golanhöhen kommen Kirschen und wilde Waldbeeren, an den Berghängen werden die Rebstöcke der regionalen Weingüter kultiviert.

Das Öl aus einheimischen Oliven, besonders jener Oliven, die im Herbst um das altehrwürdige Dorf Rameh herum gepflückt werden, wurde schon in der Antike geschätzt. In dieser Region gibt es unzählige Ölpressen, manche von ihnen werden noch auf traditionelle Weise mit Mühlsteinen betrieben, die von Eseln gezogen werden. Man sieht immer noch arabische und jüdische Bauern, die geschäftig hin- und hereilen, die Arme voller Kisten mit frisch geernteten grünen und schwarzen Oliven, die dann in das herrlich goldene Öl verwandelt werden, das beinahe jede einheimische Speise krönt. Die bekannteste Olivensorte, die Suri, stammt aus Tyre, einem kleinen Ort im südlichen Libanon. Aufgrund ihres ausgesprochen intensiven und pikanten Aromas eignen sich diese Oliven wunderbar zum Einlegen. Eine andere lokale Delikatesse ist Sumak, ein Gewürz,

ATAIF

Ataif sind die süße Antwort auf die Teigtasche des Hauptgangs, es handelt sich dabei um eine beliebte arabische Süßspeise, die ihren Ursprung in der levantinischen Küche hat. Ataif werden mit verschiedenen Früchten, Nüssen oder Cremes gefüllt und am Ende einer Mahlzeit zusammen mit einem guten und starken türkischen Kaffee serviert. Sie werden im Prinzip wie die Pfannkuchen oder Crêpes der europäischen Küche hergestellt, das heißt, man gibt kleine Mengen Teig in eine Pfanne und wendet die dabei entstehenden Fladen. Sie sind herrlich luftig, schmecken nach frischer Hefe und besitzen typischerweise kleine Luftblasen und einen schönen Glanz. Diese kleinen Pfannkuchen können, wenn sie gefüllt sind, angebraten oder gebacken und dann zur Krönung mit Orangenblütenwasser oder Rosenwasser beträufelt werden.

Durch die Altstadt von Nazareth ziehen meist allerlei verlockende Essensgerüche, da die Menschen hier sehr eng beieinander leben.

Das Verfahren, mit dem grüne Kaffeebohnen in das weltweit so sehr geschätzte Getränk verwandelt werden, ist ausgesprochen komplex. Die Fahoums produzieren Kaffee in kleinstem und sehr persönlichem Maßstab.

Diese Seite: Seit vielen Jahren röstet und mahlt die Familie Fahoum in ihrer Rösterei in der Altstadt von Nazareth Kaffee.

Kaffee kann so vieles sein: eine Gaumenfreude, ein Geschenk der Freundschaft oder ein wesentlicher Aspekt des Zusammenseins. Für die Fahoums, die eine Kaffeerösterei betreiben, ist er eine Lebensart.

OLIVENÖL – FLÜSSIGES GOLD

Wenn es eine grundlegende Zutat gibt, die alle Regionen des Landes vereint, dann ist es zweifelsfrei das Olivenöl. Diese kostbare goldene Flüssigkeit wird seit Jahrhunderten gewonnen, ihre Farben und ihre Aromen sind so vielfältig wie die des Weines, und sie spiegelt die Landschaft, aus der sie stammt. Olivenöl kann zum Garnieren verwendet werden, als Grundlage eines Salatdressings, es eignet sich zur Haltbarmachung von Lebensmitteln und es ist wesentlich für den ersten Schritt unzähliger Gerichte, von Saucen bis Eintöpfen. Seine Farbe reicht von goldfarben bis grün, der Geschmack kann blumig, erdig, säuerlich oder gar metallisch sein. Eines ist jedoch sicher: Wenn es gar keinen Geschmack hat, dann handelt es sich wahrscheinlich nicht um reines Olivenöl. Man sollte daher darauf achten, dass man es aus vertrauenswürdiger Quelle bezieht, und das Öl probieren, bevor man es kauft.

das mit seinem säuerlichen, fast schon zitrusartigen Geschmack schon lange, bevor die Zitrone die Mittelmeerküche eroberte, zum Kochen benutzt wurde. Die tiefroten Beeren werden von den einheimischen Bauern im Spätherbst geerntet, anschließend getrocknet und zu einem Pulver gemahlen. Wildkräuter, die in der Küche, aber auch in der Volksmedizin Verwendung finden, sind immer noch eine wesentliche Ernährungsgrundlage im Winter. Sie wachsen wie ein unverhofftes Geschenk auf unkultivierten Flächen oder zwischen Häusern im Dorf und werden von den Frauen der Fellahin (arabisch für Bauer) geerntet. Die aromatischen Blätter von Zatar werden beispielsweise in frischen Salaten benutzt, aber auch getrocknet und mit geröstetem Sesam, Salz und Sumak kombiniert, um die gleichnamige Gewürzmischung Zatar (oder auch Za'atar genannt) herzustellen. Die zarten Sprösslinge des wilden Schwarzkümmels wiederum mit ihrem betörenden Anisaroma sind eine wesentliche Komponente in Ei- und Linsengerichten sowie in natürlichem atemerfrischendem Kaugummi. Cyclamen und Wurmlattich werden in Reis- und Fleischgerichten verwendet. Chicorée, Spargel, wilder Spinat und die grünen Stängel von Malve werden oft bündelweise verarbeitet. Den Auftakt, auch für die einfachsten Rezepte mit Wildkräutern, bildet immer eine Pfanne mit Olivenöl und Zwiebeln. Einige der grundlegenden Zutaten der regionalen Küche haben im Frühjahr Hochsaison: Lammfleisch (mit seinem intensiven und etwas dominanten Geschmack wird es für verschiedene Rezepte häufig gegrillt), außerdem frische Milchprodukte wie Joghurt oder Labaneh aus Schafsmilch und Weizen.

Die Küche in Israels Norden setzt auf absolut frische Zutaten – nicht selten kommen sie noch innerhalb ein und desselben Tages aus dem Meer oder vom Feld auf den Tisch. Über jedes auch noch so einfache Rezept ließe sich eigentlich ein ganzes Buch schreiben, denn jedes hat seine eigene Geschichte, immer gibt es vielfältige Ursprünge und zahlreiche Abwandlungen.

Moshe Lev Sercarz, ein Bauer und Olivenölhersteller aus dem oberen Galiläa, begutachtet seine Oliven und wählt aus, welche sich für die Produktion seines aromatischen Öls besonders eignen.

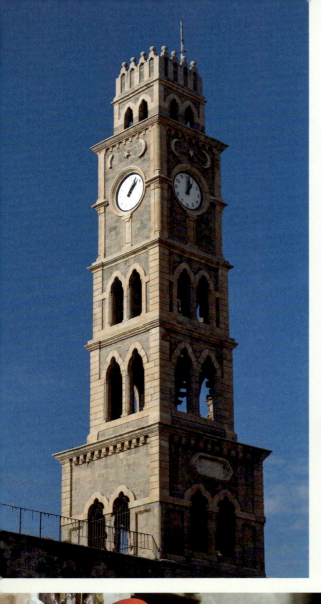

Straßenszenen aus Acre. Die Turmuhr wacht über Alltagsleben, Kochen, Arbeiten und Müßiggang.

Die Köche im Norden Israels verarbeiten gerne absolut frische Zutaten – aus dem Meer oder vom Feld kommend, finden die Produkte nicht selten noch am gleichen Tag ihren Weg auf den Tisch.

REZEPTE

DER NORDEN

GABEN VON LAND UND MEER

36	RAUKESALAT MIT FEIGEN UND SABRAS
38	GEMÜSESALAT AUS ACRE
40	SALAT MIT SPARGEL UND FREEKEH
42	LABANEH
44	RAUKESALAT MIT TOMATEN, LABANEH UND SUMAK
46	WARMER SPINATSALAT MIT JOGHURTDRESSING
48	GEBACKENE EIER
50	MANAKEESH – FLADENBROT MIT BELAG
52	LAHM BI AJIN
54	ZATAR-TEIGTASCHEN
56	SAUERTEIGBROT
58	CALZONE MIT TSFATIT-KÄSE
60	NABLUS KUBBEH
62	FISCH-SANIEH MIT TAHIN
64	GEFILTE-FISCH-BRATLINGE AUS TIBERIAS
66	GEGRILLTER ZACKENBARSCH MIT WEISSWEIN, KÜRBIS UND OLIVENÖL
68	SAYADIEH – FISCH MIT REIS
70	GEBRATENE LAMMKOTELETTS
72	MASAKHAN – GEBRATENES HUHN MIT ZWIEBELN
74	LUBIYA (SCHWARZAUGENBOHNEN) MIT LAMM
76	MAAMOUL MIT DATTELN UND MANDELN
78	BAKLAVA MIT DATTELN UND MANDELN
80	IN WEISSWEIN POCHIERTE BIRNEN
82	TARTE TATIN MIT QUITTEN
84	TARTE MIT FEIGEN UND MASCARPONE

In der Küche des Nordens gibt es Mehlspeisen und Fladenbrote, Suppen und Gebratenes, frische Salate und farbenreiches Gemüse und nicht zuletzt auch die ein oder andere einheimische Abwandlung der in der internationalen Küche so beliebten Teigtasche. Vielleicht werden Sie überrascht sein, wie viele dieser Gerichte Ihnen bekannt vorkommen, dennoch werden Sie möglicherweise einige der Kombinationen als unerwartete Offenbarungen empfinden.

Gebackene Eier aus der Küche des Fauzi Azar Inn, Nazareth.

LEVEL: EINFACH

FÜR 4 PERSONEN

RAUKESALAT MIT FEIGEN UND SABRAS

Dieser typisch israelische Sommersalat verbindet den leicht bitteren Geschmack der Raukeblätter mit der Süße der reifen Feigen und Sabras, zweier Zutaten, die in dieser Region besondere Bedeutung haben. Die Feige ist eine der biblischen „Sieben Arten" (Seite 296), während das Wort Sabra in der Umgangssprache auch einen in Israel geborenen Juden bezeichnet (Seite 17).

ZUTATEN

- 1 grüne Chilischote (Anaheim-Chili oder jede andere milde Sorte)
- 1 Tomate, zerdrückt
- 1 Knoblauchzehe, fein gehackt
- 1 Handvoll Petersilienblätter
- 3 Esslöffel natives Olivenöl extra
- 1 Prise Salz
- 1 Prise frisch gemahlener schwarzer Pfeffer
- 500 g Rauke
- 6 frische reife Feigen, geviertelt
- 3 Sabras (Kaktusfeigen), geschält und in Scheiben geschnitten
- 1 Esslöffel schwarze Oliven, entsteint

ZUBEREITUNG

Mit einer Zange die Chilischote über eine offene Flamme halten, bis die Haut vollkommen verkohlt ist. Dann mit einem guten Messer auf einem Schneidebrett vorsichtig die Haut, die Samen und die Trennhäute der Chilischote entfernen. Die Schote so fein wie möglich hacken und in eine kleine Schale geben. Für das Dressing die zerdrückte Tomate, Knoblauch, Petersilie und Olivenöl hinzufügen. Gut durchmischen und mit einer Prise Salz und Pfeffer würzen.
Die Raukeblätter, Feigen und Kaktusfeigen sowie die Oliven in eine Schüssel geben und das Dressing gleichmäßig unterheben und servieren.

TIPP

Wenn Sie keinen Gasherd haben, können Sie die Chilischote mit der Schnittfläche nach unten auf ein Backblech legen und die Grillfunktion des Ofens verwenden. Nehmen Sie die Schote heraus, sobald die Schale vollständig verkohlt ist.

LEVEL: EINFACH
FÜR 2–4 PERSONEN

GEMÜSESALAT AUS ACRE

Mit den zu fast jeder Mahlzeit gereichten Gemüsesalaten huldigt man den Gaben der Natur. Jede Region hat eine eigene Version, in Acre werden dem Salat zum Beispiel scharfe Chilischoten und gewürfelte frische Zitronen hinzugefügt. Damit sich das Aroma des Salates auf ideale Weise entfalten kann, müssen alle Zutaten von bester Qualität und sehr frisch sein und außerdem sehr fein und präzise geschnitten werden.

ZUTATEN

4 Gurken
3 reife Tomaten
1 kleine Zwiebel
1 Zitrone
1 Römersalatherz
1 Knoblauchzehe, fein gehackt
1 Teelöffel fein gehackte frische grüne Chilischote (Anaheim-Chili oder jede andere milde Sorte), entkernt
1 Handvoll gehackte frische Minzblätter
½ Bund gehackte frische Petersilie
3 Esslöffel natives Olivenöl extra
Saft von 1 Zitrone
1 Prise Salz
1 Prise frisch gemahlener schwarzer Pfeffer

ZUBEREITUNG

Gurken, Tomaten und Zwiebel in gleich große Würfel schneiden. Die Zitrone schälen und zerteilen, die weißen Trennhäute entfernen, bevor sie in Würfel geschnitten wird. Das Römersalatherz in feine Streifen schneiden.
Gurken, Tomaten, Zwiebel, Zitrone und Salatstreifen mit dem Rest der Zutaten in eine große Salatschüssel geben. Mit Salz und Pfeffer würzen und servieren.

LEVEL: EINFACH

FÜR 6 PERSONEN

SALAT MIT SPARGEL UND FREEKEH

„Freekeh" ist ein mit Grünkern vergleichbarer gerösteter grüner Weizen mit einem herrlich rauchigen Geschmack. Er wird im Frühling von den einheimischen Bauersfrauen den „Fellahin" geerntet, bevor die Weizenähre ausgereift ist, und dann auf dem offenen Feld geröstet. Freekeh wird als Füllung für Gemüse und Fleisch oder auch in Salat verwendet. Man kann ihn in Läden kaufen, die Spezialitäten aus dem Nahen Osten führen, oder auch durch Couscous ersetzen, der ebenfalls gut aufquillt, wenn er gekocht wird.

ZUTATEN

300 g Freekeh
600 g dünner grüner Spargel
1 Esslöffel Salz
1 Bund gehackte frische Petersilie
4 Esslöffel natives Olivenöl extra
2 Knoblauchzehen, fein gehackt
Saft von 1 Zitrone
½ Teelöffel fein gehackte frische grüne Chilischote, entkernt
1 Prise Salz
1 Prise frisch gemahlener schwarzer Pfeffer

ZUBEREITUNG

Den Freekeh in einem Sieb unter fließendem Wasser gut waschen. In eine Schüssel geben, mit Wasser bedecken und eine Stunde einweichen, dann abgießen.
Die holzigen Enden des Spargels abschneiden und die Stangen in 3 cm lange Stücke schneiden.
Eine große Schüssel mit eiskaltem Wasser füllen.
In einem großen Topf Wasser mit einem Esslöffel Salz zum Kochen bringen.
Den Spargel für 3 Minuten im kochenden Wasser blanchieren und dann mit einem Sieblöffel in das Eiswasser geben, damit er seine leuchtend grüne Farbe behält.
Den Freekeh in das noch kochende Wasser geben und für 5 Minuten al dente kochen. Vom Herd nehmen, Freekeh in ein Sieb abgießen und gut abtropfen lassen.
Den Spargel ebenfalls abgießen und leicht andrücken, um überschüssige Kochflüssigkeit zu entfernen.
Freekeh und Spargel in einer Servierschüssel anrichten, den Rest der Zutaten unterheben und servieren.

LEVEL: MITTEL

FÜR 6 PERSONEN

LABANEH

„Labaneh" („Lahb-NEH" ausgesprochen) ist ein säuerlicher Weichkäse, der aus entwässertem Joghurt hergestellt wird. Er ist eine der beliebtesten Käsesorten im Nahen Osten und wird mit Kräutern (meistens Zatar) als Dip, in Salaten oder zum Backen verwendet. Häufig wird er mit griechischem Joghurt verwechselt, er kann jedoch stärker entwässert werden und behält dann seine Form. Wie Mozzarella kommt er dann in kleinen Kugeln auf den Tisch.

ZUTATEN

1 l griechischer Joghurt, vorzugsweise aus Schafsmilch und mit 10 % Fettanteil
1 Esslöffel grobkörniges Salz
Natives Olivenöl extra, zur Aufbewahrung

ZUBEREITUNG

Eine große Schüssel mit einem Seihtuch oder einem weichen Baumwolltuch auslegen.
Den Joghurt mit dem Salz vermischen und in die ausgelegte Schüssel geben. Die Ecken des Seihtuchs nach oben ziehen und zusammenbinden, sodass ein kleiner Beutel entsteht. Über der Schüssel für 24 Stunden aufhängen, sodass das Wasser aus dem Joghurt abtropfen kann. Sobald dieser Vorgang abgeschlossen ist, sollte der Labaneh eine weiche und dicke Konsistenz haben. Er kann so serviert bzw. auch aufbewahrt werden.
Um ihn aufzubewahren, wird er zu walnussgroßen Kugeln geformt (man sollte Einmalhandschuhe tragen, damit er nicht mit Keimen verunreinigt wird). In einem mit Olivenöl gefüllten Gefäß aufbewahren.

TIPP

Wenn sie den Beutel nicht über der Schlüssel aufhängen können, benutzen Sie am besten ein Passiersieb, welches etwas größer als die Schüssel ist, und legen den Beutel in das Sieb. So berührt das Joghurtbündel die Flüssigkeit nicht, die durch das Sieb in die Schüssel sickert.

LEVEL: EINFACH

FÜR 4 PERSONEN

RAUKESALAT MIT TOMATEN, LABANEH UND SUMAK

Eine moderne Version des klassischen Jarjeer-Salats (mit Brunnenkresse), der in der arabischen Küche eine feste Größe bildet. Die Säure der Tomaten, der milde, erdige Geschmack von Labaneh, das Zitrusaroma von Sumak (einem Gewürz aus zermahlenen roten Beeren) und die raffinierte Geschmackskomposition der klassischen Gewürzmischung Zatar (einer ihrer Hauptbestandteile ist Sumak) verbinden sich hier zu einem farbenfrohen und facettenreichen Gericht.

ZUTATEN

2 Bündel gewaschene und getrocknete Raukeblätter (vorzugsweise eine großblättrige Sorte)
4 reife Tomaten
15 Kirschtomaten
1 rote Zwiebel
6 Kugeln Labaneh (Seite 42)
3 bis 4 Esslöffel Zatar-Gewürzmischung (Seite 290)

Dressing
1 Teelöffel Sumak
2 Esslöffel frisch gepresster Zitronensaft
3 Esslöffel natives Olivenöl extra
1 Prise Salz
1 Prise frisch gemahlener schwarzer Pfeffer

ZUBEREITUNG

Die Raukeblätter in schmale, ca. 3 cm breite Streifen schneiden.
Beide Tomatensorten in dünne Scheiben schneiden.
Die Zwiebel der Länge nach und dann beide Hälften in dünne halbmondförmige Scheiben schneiden.
Die Labaneh-Kugeln in einer kleinen Schüssel mit dem Zatar wälzen.
Die Raukeblätter, die geschnittenen Tomaten und die Zwiebeln in eine große Schüssel geben.
Sumak, Zitronensaft, Olivenöl, Salz und Pfeffer in einer kleinen Schüssel vermischen.
Bis kurz vor dem Servieren den Salat, die Labaneh-Kugeln und das Dressing in separaten Schüsseln aufbewahren.
Dann das Dressing über den Salat geben, vorsichtig unterheben und die Labaneh-Kugeln obenauf setzen.

LEVEL: EINFACH

FÜR 2–4 PERSONEN

WARMER SPINAT-SALAT MIT JOGHURTDRESSING

In Galiläa ist es üblich, warme und kalte Salate aus wilden Winterpflanzen wie Chicorée, Malve und Spinat zuzubereiten. Die Schärfe grüner Chilischoten, die Säure der Zitrone und die frische Note der grünen Zwiebeln beleben diesen Salat und geben dem gekochten Gemüse eine unerwartete geschmackliche Wendung. Der Joghurt verbindet die Zutaten und verleiht dem Gericht eine geschmeidige Konsistenz. Der Salat eignet sich gut als schmackhafte Beilage.

ZUTATEN

Dressing
- 300 g stichfester Joghurt
- 2 Knoblauchzehen, zerdrückt
- 1 Handvoll fein gehackte frische Minzblätter
- 3 Esslöffel fein gehackte grüne Zwiebeln (weiße und grüne Teile)
- 3 Esslöffel natives Olivenöl extra
- 2 Esslöffel frisch gepresster Zitronensaft
- 1 Prise Salz
- 1 Prise frisch gemahlener schwarzer Pfeffer

- 2 Esslöffel Butter
- 2 Esslöffel natives Olivenöl extra
- 2 Knoblauchzehen, zerdrückt
- ½ Teelöffel fein gehackte frische grüne Chilischote, entkernt
- 500 g frische Spinatblätter, gewaschen und getrocknet

ZUBEREITUNG

Alle Zutaten für das Dressing in einer Schüssel gut durchmischen. Die Schüssel zudecken und kühl stellen.

Einen Topf auf mittlerer Stufe erhitzen, Butter und Olivenöl hinzufügen. Sobald die Butter geschmolzen ist, Knoblauch und Chili dazugeben und ein paar Sekunden anbraten, bis der Knoblauch eine goldene Farbe annimmt.

Die Spinatblätter dazugeben und für 2 bis 3 Minuten anbraten, bis die Blätter etwas weicher, aber immer noch fest sind.

Daraufhin den Spinat und das Dressing in eine Servierschüssel geben, unterheben und servieren.

LEVEL: EINFACH
FÜR 4 PERSONEN

GEBACKENE EIER

Gebackene Eier sind in Israel wichtiger Teil der Shakshuka, eines aromatischen Gerichts mit Tomaten und Paprika. Dieses Rezept ist sogar noch einfacher und verpaart die frischen in Olivenöl gebratenen Eier mit der säuerlichen Herbheit und der tiefroten Farbe des gemahlenen Sumak. Früher hat man die Shakshuka in einem Tontopf gekocht, der eine gleichmäßige Verteilung der Hitze gewährleistet, sie kann aber genauso gut in einer normalen Bratpfanne zubereitet werden.

ZUTATEN

8 Esslöffel natives Olivenöl extra
4 Eier
2 Teelöffel Sumak (Seite 297)
Salz und Pfeffer
   zum Abschmecken

ZUBEREITUNG

Den Ofen auf 200 °C vorheizen.
Jeweils 2 Esslöffel Olivenöl in 4 hitzebeständige Schalen geben.
Schalen für 3 Minuten in den Ofen stellen, um das Öl zu erwärmen.
Herausnehmen und in jeder Schale ein Ei aufschlagen.
Jeweils mit ½ Teelöffel Sumak und einer Prise Salz bestreuen und dann nochmals für 4 Minuten in den Ofen stellen. Mit Topfhandschuhen die Schalen aus dem Ofen nehmen und auf kleinen Tellern abstellen, um die Tischoberfläche vor der Hitze zu schützen.

LEVEL: KOMPLEX

ERGIBT 6 STÜCK

MANAKEESH – FLADENBROT MIT BELAG

Dieser olivenölhaltige Teig wird traditionell zunächst ausgerollt und dann mit den Fingerspitzen bearbeitet, daher stammt auch die Bezeichnung „Mankusha", was im Arabischen so viel bedeutet wie „Herausschnitzen". Die kleinen Mulden im Teig stellten sicher, dass der Belag nicht herunterrutschte. Die Fladenbrote wurden dann auf dem Sac, einer konvex gewölbten Metallplatte, über dem offenen Feuer gebacken. Gewöhnlich bestand der Belag aus Resten, die in ärmeren Haushalten anfielen, wie süßem Paprikaaufstrich, Gewürzmischungen mit Zatar oder Oregano sowie gebratenen Zwiebeln mit Sumak.

ZUTATEN

Teig
- 500 g weißes Mehl
- 1 Teelöffel frische Hefe
- 350 ml Wasser
- 2 Esslöffel natives Olivenöl extra
- 1 Esslöffel Zucker
- 1 Teelöffel Salz

Süßer Paprikaaufstrich
- 4 süße rote Paprika
- 1 Prise Salz
- 1 Prise frisch gemahlener schwarzer Pfeffer
- 1 Teelöffel Olivenöl zum Backen

Mischung aus Zwiebeln und Sumak
- 3 Esslöffel natives Olivenöl extra
- 3 Zwiebeln, in feine Scheiben geschnitten
- 1 Esslöffel Sumak
- 1 Prise Salz
- 1 Prise frisch gemahlener schwarzer Pfeffer

Frische Oreganomischung
- 1 Bund fein gehackte frische Oreganoblätter
- 2 Knoblauchzehen, zerdrückt
- ½ Teelöffel Zitronenschale
- 3 Esslöffel natives Olivenöl extra
- 1 Prise Salz
- 1 Prise frisch gemahlener schwarzer Pfeffer

ZUBEREITUNG

Teig
Alle Teigzutaten in ein Standrührgerät geben und mit dem Knethaken auf niedriger Stufe 3 Minuten verrühren. Auf mittlerer Stufe weitere 5 Minuten rühren, bis der Teig glatt und gleichmäßig ist. Falls Sie kein Standrührgerät haben, können Sie den Teig für 8 Minuten von Hand kneten, bis er die entsprechende Konsistenz hat.
Den Teig in eine leicht geölte Schüssel legen und mit einem Küchenhandtuch bedecken. Bei Zimmertemperatur 2 Stunden gehen lassen, bzw. so lange, bis der Teig seine Größe verdoppelt hat. Ungefähr eine Stunde bevor der Teig backfertig ist, einen Brotbackstein auf den Boden des Ofens legen und diesen auf 250 °C vorheizen. Sollten Sie keinen Brotbackstein und Backschieber zur Hand haben, können Sie auch das Backblech im Ofen zuvor erhitzen, um eine heiße Oberfläche zu schaffen. Das Manakeesh kann in diesem Fall auf Backpapier vorbereitet und dann auf das Blech umgesetzt werden. Nachdem der Teig aufgegangen ist, Mehl auf eine Arbeitsfläche streuen, den Teig in 6 gleich große Portionen aufteilen und jeweils zu einer Kugel formen. In ein sauberes Küchenhandtuch einschlagen, um ein Austrocknen zu verhindern.

Süßer Paprikaaufstrich
Den Ofen auf 220 °C vorheizen.
Die Paprika auf ein Backblech legen und rösten, bis die Haut verkohlt ist. Mit einer Küchenzange in eine große Schüssel geben, diese mit Frischhaltefolie bedecken und abkühlen lassen.
Die Paprika enthäuten, die Samen entfernen und fein hacken.
Eine beschichtete Pfanne (ohne Öl) erhitzen und die Paprika hineingeben. Mit Salz und schwarzem Pfeffer würzen und unter ständigem Rühren auf niedriger Flamme kochen, bis sich ein rotes Püree bildet. Darauf achten, dass das Püree nicht anbrennt.

Mischung aus Zwiebeln und Sumak
Das Olivenöl in einer großen Bratpfanne auf hoher Stufe erhitzen.
Die in Scheiben geschnittenen Zwiebeln anbraten, bis sie goldbraun sind. Sumak, Salz und Pfeffer hinzufügen, gut durchmischen und in eine kleine Schüssel umfüllen.

Frische Oreganomischung
Alle Zutaten gut vermischen.

Manakeesh backen
Nachdem der Teig noch einmal zwei Stunden aufgegangen ist, sollte er seine Größe wieder verdoppelt haben. Nun die 6 Teigkugeln mit den Händen zu runden Fladen mit einem Durchmesser von 15 cm flach drücken. Den gewünschten Belag darauf verteilen, beim süßen Paprikaaufstrich durch einen Teelöffel Olivenöl ergänzen. Mithilfe eines leicht bemehlten Backschiebers die Fladen direkt auf den Brotbackstein gleiten lassen und für 12 Minuten backen.

LEVEL: KOMPLEX

ERGIBT 2 GROSSE FLADENBROTE

LAHM BI AJIN

Diese „nahöstliche Pizza" kann wie das Manakeesh-Fladenbrot (Seite 50) ganz nach Belieben und entsprechend der Jahreszeit belegt werden. Sie wird gerne als Appetizer oder Street Food angeboten, auch als Teil einer großen Auswahl von Vorspeisen auf kleinen Tellern, bekannt als Mezze. In Großsyrien und im Südosten der Türkei, wo man sie Lahmacun nennt, wird sie sehr häufig gegessen. Diese beliebte regionale Variante wird mit Lammhackfleisch und scharfen Chilischoten belegt.

ZUTATEN

Eine Grundmenge Manakeesh-Teig (Seite 50)

Belag
2 Esslöffel natives Olivenöl extra
2 kleine Lauchstangen, fein gehackt
1 mittlere Zwiebel, fein gehackt
2 Knoblauchzehen, fein gehackt
½ Teelöffel fein gehackte frische grüne Chilischote, entkernt
½ Teelöffel fein gehackte frische rote Chilischote, entkernt
500 g Lammhackfleisch
1 Prise Salz
1 Prise frisch gemahlener schwarzer Pfeffer

ZUBEREITUNG

Eine Grundmenge Manakeesh-Teig vorbereiten (Seite 50).
Ca. 1 Stunde, bevor der Teig backfertig ist, einen Brotbackstein in den Ofen legen und auf 250 °C vorheizen.
Nachdem der Teig aufgegangen ist, Mehl auf eine Arbeitsfläche streuen, den Teig in zwei gleich große Portionen aufteilen und jeweils zu einer Kugel formen. In ein sauberes Küchenhandtuch einschlagen, um ein Austrocknen zu verhindern.
In einer großen Bratpfanne Öl erhitzen und Lauch sowie Zwiebel, Knoblauch und Chili anbraten, bis sie eine leicht goldbraune Färbung angenommen haben.
Das Lammhackfleisch dazugeben, würzen und anbraten, bis das Fleisch die Farbe ändert. Dann in eine Schüssel umfüllen und abkühlen lassen.
Die Teigkugeln jeweils zu dünnen ovalen Fladen ausrollen. Auf einen leicht bemehlten Backschieber legen und die Mischung für den Belag darauf verteilen. Mit dem Backschieber auf den Brotbackstein gleiten lassen und für 12 Minuten backen.

TIPP

Sollten Sie keinen Brotbackstein und Backschieber zur Hand haben, können Sie auch das Backblech im Ofen zuvor erhitzen, um eine heiße Oberfläche zu schaffen. Das Lahm Bi Ajin kann in diesem Fall auf Backpapier vorbereitet und dann auf das Blech umgesetzt werden.

LEVEL: KOMPLEX
FÜR 6 PERSONEN

ZATAR-TEIGTASCHEN

Der Name Zatar bezeichnet eine Wildpflanze (die Blätter des Ysop), aber auch eine Gewürzmischung, die aus den getrockneten Blättern des Ysop, geröstetem Sesam, Sumak und Salz hergestellt wird. Frisches und getrocknetes Zatar ist ein grundlegender Bestandteil der einheimischen Küche im Norden Israels und hat ein unverwechselbares Aroma. Es wird zum Würzen von Salaten, Käse und gebackenen Speisen – wie diesen Teigtaschen – benutzt.

ZUTATEN

Teig
450 g weißes Mehl
350 ml kaltes Wasser
½ Teelöffel Trockenhefe
1 Esslöffel Zucker
1 Esslöffel natives Olivenöl extra
1 Teelöffel Salz

Füllung
1 Bund frische Zatar-(Ysop-) oder Oreganoblätter
2 Esslöffel natives Olivenöl extra

ZUBEREITUNG

Mehl, Wasser, Hefe und Zucker in die Schüssel eines Standrührgerätes geben und mit dem Knethaken auf niedriger Stufe 3 Minuten verrühren. Olivenöl und Salz hinzufügen, dann für weitere 5 Minuten auf mittlerer Stufe rühren. Falls Sie kein Standrührgerät haben, können Sie den Teig für 8 Minuten von Hand kneten, bis er glatt und gleichmäßig ist. Den Teig in eine leicht geölte Schüssel legen und mit einem Küchenhandtuch bedecken.
Bei Zimmertemperatur gehen lassen, bis er seine Größe verdoppelt hat. Sobald er aufgegangen ist, den Teig auf einer bemehlten Arbeitsfläche in 4 gleich große Portionen unterteilen. Die Teile zu Kugeln formen und für 15 Minuten ruhen lassen.
Anschließend die Teigkugeln mit einem Rollholz auf einer bemehlten Arbeitsfläche so dünn wie möglich ausrollen. Die Kräuter auf jeder Teigplatte großzügig verteilen, Olivenöl darüberträufeln und zu Dritteln falten. Den Teig für weitere 15 Minuten ruhen lassen, nochmals mit dem Rollholz so dünn wie möglich ausrollen.
Eine beschichtete Pfanne erhitzen und die ausgerollten Teigtaschen hineinlegen. Für 3 Minuten auf jeder Seite ohne Zugabe von Fett rösten, bis sie goldbraun sind.
Herausnehmen und heiß servieren.

LEVEL: KOMPLEX

ERGIBT 2 LAIBE

SAUERTEIGBROT

Obwohl viele Köche gehörigen Respekt davor haben, ein Sauerteigbrot zu backen, ist es im Prinzip recht einfach und ausgesprochen befriedigend, Brot im eigenen Ofen zu backen. Sobald die Starterkultur fertig ist und man sich mit dem Verfahren etwas vertraut gemacht hat, kann sich daraus eine wunderbare Routine entwickeln, die die Küche und das ganze Haus mit einem wunderbaren Duft erfüllt.

ZUTATEN

100 g Sauerteigstarter (Seite 294)

500 g Brotmehl (Mehl mit einem kräftigen Geschmack)

350 ml Wasser

1½ Teelöffel Salz

1 Esslöffel natives Olivenöl extra

ZUBEREITUNG

Alle Teigzutaten in die Schüssel eines Standrührgerätes füllen und mit dem Knethaken auf niedriger Stufe 3 Minuten verrühren. Auf mittlerer Stufe weitere 5 Minuten rühren, bis der Teig glatt und gleichmäßig ist. Falls Sie kein Standrührgerät mit Knethaken haben, können Sie den Teig 8 Minuten von Hand kneten, bis er die entsprechende Konsistenz hat. Den Teig in eine leicht geölte Schüssel legen und mit einem Küchenhandtuch bedecken. Bei Zimmertemperatur 2 Stunden gehen lassen, bzw. so lange, bis der Teig seine Größe verdoppelt hat. Auf einer bemehlten Arbeitsfläche den Teig zu einer Kugel formen und etwas flach drücken. Eine große Schüssel mit einem bemehlten Küchenhandtuch auslegen, den Teig hineinlegen und für 4 bis 5 Stunden gehen lassen, bzw. so lange, bis er seine doppelte Größe erreicht hat. Ungefähr eine Stunde bevor der Teig backfertig ist, einen Brotbackstein auf den Boden des Ofens legen und diesen auf 250 °C vorheizen (alternative Methoden siehe unten). Den aufgegangenen Teig umgekehrt auf einen Backschieber legen, mit einem scharfen Messer einschneiden (siehe unten die Möglichkeiten des Einschneidens) und dann vorsichtig auf den Brotbackstein gleiten lassen. Nach 5 Minuten die Temperatur auf 230 °C reduzieren und das Brot weitere 30 Minuten backen. Den Laib aus dem Ofen nehmen und auf einem Kuchengitter abkühlen lassen. Um sicherzustellen, dass das Brot durchgebacken ist, kann man auf seine Unterseite klopfen. Es sollte hohl klingen, als würde man auf Holz klopfen.

TIPP

Sollten Sie keinen Brotbackstein und Backschieber zur Hand haben, können Sie auch das Backblech im Ofen zuvor erhitzen, um eine heiße Oberfläche zu schaffen, und einen Bogen Backpapier verwenden, um das Brot auf das Blech umzusetzen. Außerdem eine große Backform mit Wasser füllen und unter das Blech stellen, um den erforderlichen Dampf zu erzeugen. Sollten Sie einen großen gusseisernen Topf bzw. einen Schmortopf besitzen, können Sie das Brot auch nach der kalifornischen Methode backen: Einfach den zugedeckten leeren Topf beim Vorheizen in den Ofen stellen. Sobald der Brotlaib zum Backen bereit ist, den Deckel kurz abheben, das Brot hineinlegen und wieder zudecken. Nach einer 30-minütigen Backzeit die Farbe des Brotes prüfen. Falls es noch nicht dunkel genug ist, ohne Deckel in weiteren 10-Minuten-Intervallen weiterbacken, bis eine schöne dunkle Kruste entstanden ist.

Das Einschneiden des Brotteiges (mit einem scharfen Messer oder einem Rasiermesser) ist ein wesentlicher Schritt beim Brotbacken und zudem eine Möglichkeit, die Form des Brotlaibes zu beeinflussen. Ein nicht eingeschnittenes Brot wird zwangsläufig aufplatzen. Es schmeckt dann zwar noch genauso gut, aber es sieht einfach nicht so ansprechend aus. Jeder hat seine ganz eigene Methode, das Brot einzuschneiden und mit seinem bevorzugten Muster zu versehen. Allgemein gilt: Je horizontaler die Schnitte, desto stärker geht die Brotkruste auf, wodurch die schönen Furchen und Einkerbungen entstehen, die ein perfekt gebackenes Brot auszeichnen.

LEVEL: MITTEL

FÜR 4 PERSONEN

CALZONE MIT TSFATIT-KÄSE

Jede Kultur hat ihre eigenen Teigtaschen oder kleinen Klöße, und Calzonen sind in den sephardischen Gemeinden in der ganzen Welt sehr beliebt. Die Käsefüllung dieser Calzonen stammt aus den Küchen von Safed und Tiberias. Die Frauen aus dieser nördlichen Region Israels gingen einst auf Pilgerreise, um Segnungen für ihre Fruchtbarkeit zu erhalten, und brachten bei ihrer Rückkehr Tsfatit-Käse mit, einen haltbaren salzigen und gereiften Käse aus Schafsmilch.

ZUTATEN

Teig
500 g Mehl
250 ml kaltes Wasser
1 Teelöffel feinkörniges Salz
1 Teelöffel natives Olivenöl extra

Füllung
150 g geriebener Tsfatit-Käse, Pecorino Romano (oder jeder andere Hartkäse aus Schafsmilch)
100 g Ricotta
Frisch gemahlener schwarzer Pfeffer nach Belieben

Zum Servieren
50 g Butter, zimmerwarm
1 Esslöffel geriebener Tsfatit-Käse, Pecorino Romano (oder jeder andere Hartkäse aus Schafsmilch)

ZUBEREITUNG

In einer Küchenmaschine die Teigzutaten verarbeiten, bis sie sich zu einer Kugel verbinden. Die Teigkugel herausnehmen, in Frischhaltefolie einwickeln und für 30 Minuten kühl stellen.
Die Zutaten für die Füllung in eine Schüssel geben und gut durchmischen. Auf einer bemehlten Arbeitsfläche den gekühlten Teig 2 mm dick ausrollen. Kleine Kreise von ca. 10 cm Durchmesser ausstechen. Jeweils einen Teelöffel der Füllung in die Mitte geben und zu einem Halbkreis falten. Die Ränder zusammendrücken und mit den Spitzen einer Gabel ein kleines Muster hineindrücken.
In einem großen Topf das Wasser mit einer Prise Salz zum Kochen bringen. Die Calzonen in das Wasser geben und 6 Minuten kochen.
Mit einem Sieblöffel oder kleinen Sieb die Calzonen aus dem Wasser heben und in eine Servierschüssel geben. Die Butter hinzufügen und warten, bis sie geschmolzen ist. Anschließend den geriebenen Käse darüberstreuen und heiß servieren.

TIPP

Sollten Sie keine runde Ausstechform haben, können Sie genauso gut eine umgekehrte Tasse oder ein Glas verwenden.

LEVEL: MITTEL
FÜR 4 PERSONEN

NABLUS KUBBEH

Kubbeh, gefüllte kleine Klöße aus Bulgur oder Grieß, sind im Nahen Osten eine beliebte Speise, die in vielen Abwandlungen auf den Tisch kommt. Nablus Kubbeh, benannt nach der Stadt Nablus, stellen eine frittierte Variante der rohen, gedämpften oder in einer Brühe gekochten Kubbeh dar. An der Küste werden sie statt mit Fleisch oder Gemüse mit Fisch oder Meeresfrüchten gefüllt.

ZUTATEN

Teig
400 g feinkörniger Bulgur
75 g Grießmehl
1 Esslöffel süßes Paprikapulver
1 Ei, geschlagen
1 Teelöffel Salz
½ Teelöffel frisch gemahlener schwarzer Pfeffer

Füllung
300 g weißes Fischfilet, fein gehackt oder mit einer Küchenmaschine zerkleinert
½ Bund gehackte frische Petersilie
1 Handvoll gehacktes frisches Basilikum
½ Teelöffel Zitronenschale
½ Teelöffel Salz
½ Teelöffel frisch gemahlener schwarzer Pfeffer

1 l Rapsöl zum Frittieren

ZUBEREITUNG

Den Bulgur in eine große Schüssel geben. Mit 1 l Wasser bedecken und eine Stunde einweichen.
Den Bulgur abgießen und in einem Sieb über einer Schüssel eine Stunde lang trocknen lassen.
Inzwischen die Zutaten für die Füllung in einer großen Schüssel vermischen, bis die Masse homogen und klebrig ist.
30 Minuten kühl stellen.
In einer weiteren Schüssel den Bulgur und den Rest der Zutaten für den Teig vermischen. Mit den Händen gut durchkneten, bis der Teig eine gleichmäßige Konsistenz hat und in Kugeln geformt werden kann.
Mit etwas eingeölten Händen große Kugeln formen, ungefähr in der Größe von Tennisbällen. Jeweils eine Kugel in die Handfläche legen und mit dem Daumen der anderen Hand eine kleine Mulde in die Mitte drücken und mit den Fingern weiter zu einer kleinen Schale formen.
Die Füllung in die Teigschalen geben und tief eindrücken. Die Teigränder nach oben und zur Mitte hin zusammenziehen, bis die Füllung völlig von Teig umschlossen ist. Wieder zu einer Kugel formen und sicherstellen, dass keine Risse entstehen.
Jede Kugel hin und her rollen, bis sie eine längliche Form mit etwas zugespitzten Enden hat.
Einen Teller mit Küchenrolle auslegen.
Das Rapsöl bei mittlerer Flamme erhitzen. Die Kubbeh-Kugeln in das Öl geben und frittieren, bis sie auf allen Seiten braun sind.
Auf dem Teller abtropfen lassen.
Warm servieren.

LEVEL: MITTEL
FÜR 6 PERSONEN

FISCH-SANIEH MIT TAHIN

Dieses Gericht vereinigt die typischen Zutaten der Küche Großsyriens – Zitrone, Olivenöl, Kräuter –, wobei das herzhafte Fleisch, beispielsweise vom Lamm, hier durch Fisch ersetzt wird, der in den Küstenregionen in großer Fülle zu haben ist. Die Tahinpaste, die häufig in Hummus eingerührt wird, umhüllt den Fisch mit ihrem kräftigen erdigen Aroma und wird im Backofen fest und goldbraun.

ZUTATEN

2 Zwiebeln, ungeschält
8 reife Tomaten
1 kg grätenfreie, ungehäutete Filets von weißem Fisch (wie Wolfsbarsch, Schwarzer Zackenbarsch, Zackenbarsch oder Red Snapper)
120 ml natives Olivenöl extra
1 scharfe rote Chilischote, fein gehackt
1 Teelöffel geriebene Zitronenschale
½ Teelöffel gemahlene Fenchelsamen
1 Prise gemahlener Kreuzkümmel
¼ Teelöffel Salz

Tahin
180 ml rohes Tahin
240 ml kaltes Wasser
Saft von ½ Zitrone
½ Teelöffel feinkörniges Salz

ZUBEREITUNG

Den Ofen auf 250 °C vorheizen.
Zwiebeln und Tomaten in eine Auflaufform legen und 30 Minuten rösten, bis die Haut verkohlt ist, dann aus dem Ofen nehmen und abkühlen lassen. Anschließend grob hacken und zur Seite stellen.
Die Fischfilets mit etwas Olivenöl bestreichen und Chili, Zitronenschale, Fenchelsamen, Kreuzkümmel und Salz darüberstreuen.
Olivenöl in einer Bratpfanne erhitzen. Die Filets mit der Haut nach unten in die Pfanne legen und 6 Minuten anbraten, bis die Haut knusprig ist und die Filets nicht länger am Pfannenboden haften.
Den Fisch nun mit der Haut nach oben vorsichtig in eine Auflaufform legen und das zerkleinerte Gemüse darauf verteilen.
Die Tahin-Zutaten gut durchmischen, bis eine homogene Masse entsteht, und dann über den Fisch gießen. Für 10 bis 12 Minuten im Backofen rösten, bis der Tahin-Belag eine braune Farbe annimmt. Nicht zu lange rösten, da der Fisch ansonsten austrocknen und das Tahin Risse bekommen kann.

TIPP

Ein Sanieh ist ein flacher, runder Teller, der zum Kochen, Backen und Servieren benutzt wird. In den Hafenstädten wie Acre oder Jaffa wird er häufig für Fischgerichte, aber auch für Fleisch- und Gemüsegerichte verwendet. Er kann gut durch eine Kasserolle aus Ton, eine schwere Auflaufform oder eine ofenfeste Pfanne ersetzt werden.

LEVEL: MITTEL

FÜR 4 PERSONEN

GEFILTE-FISCH-BRATLINGE AUS TIBERIAS

In Tiberias, einer Stadt, in der Juden, Muslime und Christen jahrhundertelang, Seite an Seite gelebt haben, hat sich eine vielfältige und faszinierende Küche entwickelt. Das Rezept für Gefilte-Fisch-Bratlinge haben Juden im 18. Jahrhundert aus Polen mitgebracht, aber es waren ihre sephardischen Nachbarn, die sie mit den einheimischen Gewürzen verfeinert haben und die Idee hatten, sie zu frittieren. So entstand eine ganz besondere Spezialität, die auf der ganzen Welt zum Passahmahl serviert wird.

ZUTATEN

500 g Süßwasserfisch (wie Karpfen, Hecht oder Weißfisch), gehäutet und entgrätet
1 Zwiebel, fein gehackt
250 g Kürbis, geschält und fein geraspelt
2 Esslöffel natives Olivenöl extra
1 Teelöffel feinkörniges Meersalz
1 Teelöffel frisch gemahlener schwarzer Pfeffer
120 ml mildes Olivenöl, zum Braten
1 Karotte, geschält und zum Garnieren in dünne Scheiben geschnitten
1 Zitrone, halbiert, zum Garnieren

ZUBEREITUNG

Den Fisch von Hand oder mit einem Fleischwolf (mit grober Lochscheibe) fein hacken bzw. zerkleinern.
In eine Schüssel geben und die Zwiebel, den Kürbis, Olivenöl, Salz und Pfeffer hinzufügen. Gut durchmischen. Nun die Masse wie einen Teig für 5 Minuten kneten, bis sie klebrig wird. Anschließend für mindestens eine Stunde kühl stellen, bis die Masse angedickt ist.
Das Olivenöl in einer großen Bratpfanne erhitzen, die Hände etwas einölen und aus der Fischmasse eiergroße Bratlinge formen. Etwas flachklopfen und vorsichtig in die Pfanne gleiten lassen.
Die Bratlinge auf beiden Seiten braten, bis sie goldbraun sind, dann aus der Pfanne herausnehmen und auf einem mit einem Küchentuch ausgelegten Teller abtropfen lassen.
Die Karottenscheiben leicht anbraten, bis sie weich sind.
Die Bratlinge auf einer Platte arrangieren, jeweils eine Karottenscheibe darauflegen und mit einer halben Zitrone servieren.

LEVEL: MITTEL

FÜR 4 PERSONEN

GEGRILLTER ZACKENBARSCH MIT WEISSWEIN, KÜRBIS UND OLIVENÖL

An den östlichen Ufern des Mittelmeers betrachtet man den Zackenbarsch als den König der Fische. Sein festes, saftiges Fleisch kann sehr viel Aroma aufnehmen, ohne dass der unverwechselbare Eigengeschmack überdeckt wird. Die Süße des Butternusskürbis – er ist eine moderne Bereicherung der traditionellen Auswahl an Gemüsesorten – ist hier eine besonders gelungene Ergänzung. Wenn der ganze Fisch direkt aus dem Ofen auf den Tisch kommt, ist das sehr beeindruckend.

ZUTATEN

- 1 Butternusskürbis, ungeschält
- 4 Esslöffel natives Olivenöl extra
- 1 Teelöffel grobkörniges Meersalz
- Frisch gemahlener schwarzer Pfeffer nach Belieben
- 1 rote Zwiebel, in Ringe geschnitten
- 1 ganzer Zackenbarsch oder Wolfsbarsch, Gewicht ca. 1 kg
- 1 Zweig fein gehackte Oreganoblätter, zusätzlich vier kleine Zweige
- ½ Teelöffel geriebene Zitronenschale
- 2 Knoblauchzehen, zerdrückt

ZUBEREITUNG

Den Ofen auf 250 °C vorheizen.
Den Butternusskürbis der Länge nach halbieren und mit einem Löffel die Samen entfernen.
Die Hälften in 2 cm dicke Scheiben schneiden.
Die Scheiben auf einem Backblech anrichten, mit 2 Esslöffeln Olivenöl beträufeln und mit Salz und Pfeffer würzen. 20 Minuten rösten, bzw. so lange, bis der Kürbis weich und etwas gebräunt ist.
Inzwischen die Zwiebelringe auf ein Bratblech legen und mit 2 Esslöffeln Olivenöl beträufeln.
Den weichen Kürbis aus dem Ofen nehmen (Ofen eingeschaltet lassen) und die Kürbisscheiben auf den Zwiebelringen verteilen.
Den Fisch auf ein Schneidebrett legen, mit einem scharfen Messer einen Schnitt vom Kopf bis zum Schwanz ausführen.
Die gehackten Oreganoblätter, die Zitronenschale und den Knoblauch in einer kleinen Schüssel vermischen. Die Masse mit den Fingern an der aufgeschnittenen Seite in den Fisch geben.
Den Fisch auf die Zwiebeln und den Kürbis legen, wenn möglich mit dem Schnitt nach oben.
Die Oreganostängel auf dem Bratblech verteilen, mit Salz und Pfeffer würzen und mit Alufolie abdecken.
15 Minuten braten, dann die Alufolie abnehmen und nochmals weitere 7 bis 8 Minuten garen. Den ganzen Fisch direkt aus dem Ofen auf dem Tisch servieren.

LEVEL: MITTEL
FÜR 6 PERSONEN

SAYADIEH – FISCH MIT REIS

Sayadieh ist ein klassisches Gericht der Fischer aus Fisch, Meeresfrüchten und Reis, für das gewöhnlich billige Fischreste verwendet wurden, die man nicht an die Händler verkaufte. Es wird auf einer großen Metallplatte auf den Tisch gestellt und dann auf die einzelnen Teller geschöpft, mit Tahin beträufelt und mit einem Salat aus gewürfeltem Gemüse serviert, wie etwa dem Gemüsesalat aus Acre (Seite 38).

ZUTATEN

- 400 g Basmati-Reis oder anderer Langkornreis guter Qualität
- 3 Esslöffel natives Olivenöl extra
- 1 Zwiebel, fein gehackt
- 3 Knoblauchzehen, zerdrückt
- 400 g Calamares, in 1 cm dicke Ringe geschnitten
- ½ Teelöffel geriebene Kurkuma
- 1 Teelöffel grobkörniges Meersalz
- 1 l Fischfond (Seite 286)
- 600 g grätenfreie Filets von weißem Fisch (wie Wolfsbarsch, Schwarzer Zackenbarsch, Zackenbarsch oder Red Snapper)
- 1 Teelöffel gehackte Pistazien, zum Garnieren

ZUBEREITUNG

Den Reis in einem Sieb unter fließendem Wasser waschen.
Dann das Sieb zum Abtropfen auf eine Schüssel stellen.
Das Olivenöl in einem großen und breiten Topf erhitzen. Zwiebel und Knoblauch hinzufügen und anbraten, bis die Zwiebeln goldbraun sind.
Die Calamares dazugeben und gut durchmischen. Den Reis hinzufügen und 2 Minuten rühren, bis der Reis mit Öl bedeckt ist und an den Spitzen etwas durchsichtig erscheint.
Kurkuma, Salz und Fischfond beifügen und gut vermischen.
Die Fischfilets in den Topf geben, leicht unterheben und den Topf abdecken. Auf niedrigster Stufe für 25 Minuten köcheln.
Den Topf vom Herd nehmen und für 15 Minuten zugedeckt stehen lassen.
In einzelnen Schalen oder einer großen Metallplatte anrichten.
Mit den gehackten Pistazien bestreuen und servieren.

LEVEL: MITTEL

FÜR 4–6 PERSONEN

GEBRATENE LAMMKOTELETTS

Lamm ist eine der beliebtesten Fleischsorten in Israel, und wenn es von einheimischen Tieren stammt, ist das Lammfleisch ganz besonders köstlich (fettreich und mit einem intensiven und sehr kräftigen Aroma). Lammkoteletts werden gewöhnlich auf einem Holzkohlegrill oder im Ofen gegrillt. Dank ihres unverwechselbaren Geschmacks muss man ihnen außer einer einfachen Mischung aus frischen Kräutern nichts hinzufügen.

ZUTATEN

12 dick geschnittene Lammkoteletts, Knochen freigelegt und Fett entfernt

Kräutermarinade
½ Bund gehackte frische Petersilie
1 Handvoll Thymianblätter
1 Zweig Oreganoblätter, fein gehackt
1 Teelöffel Zitronenschale
3 Knoblauchzehen, fein gehackt
3 Esslöffel natives Olivenöl extra
½ Teelöffel grobkörniges Salz
1 Teelöffel frisch gemahlener schwarzer Pfeffer

ZUBEREITUNG

Den Ofen auf 220 °C vorheizen.
Eine Bratpfanne auf hoher Stufe erhitzen, sodass sie glühend heiß ist.
Die Lammkoteletts 2 Minuten lang auf jeder Seite scharf anbraten und zur Seite stellen.
Die Zutaten für die Kräutermarinade in einer Schüssel vermischen, bis die Masse eine ähnliche Konsistenz hat wie nasser Sand. Die Lammkoteletts auf einem flachen Bratblech arrangieren. Einen gehäuften Esslöffel der Kräutermarinade auf jeweils eine Seite der Koteletts geben und in das Fleisch einreiben. Die Koteletts im Backofen 6 bis 8 Minuten braten, bis sie halb durch sind und das Fleisch noch rosa ist.
5 Minuten abkühlen lassen, dann servieren.

LEVEL: MITTEL
FÜR 4 PERSONEN

MASAKHAN – GEBRATENES HUHN MIT ZWIEBELN

Masakhan ist ein arabisches Gericht, welches während der Olivenernte gegessen wird. Es besteht aus gebratenem Huhn mit Zwiebelringen und Olivenöl-getränktem Pitabrot oder Manakeesh (Seite 50). Sein Name geht auf das in Ramallah geläufige Wort „sakhneh" (arabisch für „scharf") zurück. In Galiläa nennt man es Muhmar, eine Ableitung von „akhmar" (arabisch für „rot"), was sich auf die rötlichen Sumakbeeren bezieht.

ZUTATEN

2 kleine ganze Hühner, jedes 1 bis 1½ kg
180 ml natives Olivenöl extra
5 Zwiebeln, in Ringe geschnitten
Salz und Pfeffer zum Abschmecken
1 Pitabrot oder Manakeesh (Seite 50)

ZUBEREITUNG

Die Hühner ohne Fett in einer schweren ofenfesten Kasserolle oder einem gusseisernen Topf braten, bis sie leicht gebräunt sind. Herausnehmen und zur Seite stellen.
Olivenöl und Zwiebeln in die Kasserolle geben und auf niedriger Stufe anbraten, bis sie eine goldbraune Farbe haben.
Die Hühner wieder dazugeben, mit Salz und Pfeffer würzen, abdecken und für eine Stunde bei 190 °C braten. Den Deckel abheben und für weitere 20 Minuten braten.
Die Kasserolle aus dem Ofen nehmen und 10 Minuten stehen lassen.
Auf einem Stück Pitabrot oder Manakeesh (Seite 50), welches in Olivenöl getränkt wurde, servieren.

LEVEL: MITTEL
FÜR 4 PERSONEN

LUBIYA (SCHWARZAUGENBOHNEN) MIT LAMM

Dieses Rezept ist von den festlichen sephardischen Mahlzeiten inspiriert, die zu Neujahr serviert werden.
Lubiya wird überall im Nahen Osten gerne gegessen, aber in Ägypten ist es besonders beliebt. Schwarzaugenbohnen und Lammfleisch spielen die Hauptrolle in diesem Gericht, die frischen Kräuter verleihen ihm jedoch eine spezielle Note. Sie versinnbildlichen diese fruchtbare Region mit ihrer saftigen grünen Vegetation.

ZUTATEN

- 3 Esslöffel natives Olivenöl extra
- 3 Knoblauchzehen, zerdrückt
- 1 rote Chilischote, grob gehackt
- 250 g Eiertomaten, halbiert
- 250 g reife Fleischtomaten, geviertelt
- Frische Basilikumblätter von 2 Stängeln
- Salz und Pfeffer zum Abschmecken
- 450 g frische Schwarzaugenbohnen
- 1 Handvoll gehackte frische Petersilie
- 1 Handvoll gehackter frischer Koriander
- 450 g Lammfleisch, in dünne Scheiben geschnitten
- 1 Stange Frühlingszwiebel, in Ringe geschnitten, zum Garnieren

ZUBEREITUNG

Olivenöl, Knoblauch und Chili in einem Topf mit Sandwichboden erhitzen und leicht anbraten. Beide Tomatensorten, Basilikum, Salz und Pfeffer hinzufügen und unter gelegentlichem Umrühren auf mittlerer Stufe kochen. Sobald die Masse zu kochen beginnt, bei niedrigerer Hitze 10 Minuten köcheln, bis die Tomaten weich werden und ihren Saft abgeben.
Den Topf vom Herd nehmen und den Inhalt durch ein grobes Sieb über einer Schüssel passieren. Die Tomaten mit einem Holzlöffel durchdrücken, sodass die ganze Flüssigkeit herausgepresst wird.
Die Sauce in einen sauberen Topf füllen und auf niedriger Stufe weiter köcheln lassen.
In einem anderen großen Topf 1½ l Wasser mit 3 Esslöffeln Salz zum Kochen bringen (keine Zurückhaltung beim Salz, das Wasser muss sehr salzig sein). Sobald das Wasser kocht, die Schwarzaugenbohnen hineingeben und für 5 bis 6 Minuten kochen. Die Schwarzaugenbohnen mit einem Sieblöffel herausnehmen, in die Sauce geben und Petersilie und Koriander hinzufügen. Gut durchmischen und für 15 bis 20 Minuten leicht kochen lassen.
Während die Sauce kocht, das in Scheiben geschnittene Lammfleisch mit Salz und Pfeffer würzen und etwas Olivenöl darüberträufeln.
Eine schwere Bratpfanne erhitzen, das Fleisch hineinlegen und 2 Minuten von jeder Seite anbraten. Anschließend das Lammfleisch auf einem Schneidebrett mit einem scharfen Messer in dünne Streifen schneiden. Diese in den Topf mit den Schwarzaugenbohnen geben und gut durchmischen. Mit den Frühlingszwiebeln garnieren und servieren.

LEVEL: KOMPLEX
ERGIBT 20 STÜCK

MAAMOUL MIT DATTELN UND MANDELN

Maamoul ähneln gefüllten buttrigen Mürbeteigkeksen. Es handelt sich um ein traditionelles Gebäck aus einem mürben grießhaltigen Teig, das mit verschiedensten Trockenfrüchten und Nüssen gefüllt und mit Orangenblütenwasser aromatisiert werden kann. In arabischen Haushalten werden Maamoul häufig zum Ende des Ramadan gebacken, sie sind aber auch sonst ein wunderbares Festtagsgebäck.

ZUTATEN

Teig
200 g weißes Mehl
100 g Grieß
200 g Butter, in 2 cm dicke Würfel geschnitten
1 Ei
2 Esslöffel Puderzucker
1 Prise feinkörniges Salz
½ Teelöffel Backpulver

Füllung
300 g Medjool-Datteln, entsteint und fein gehackt
200 g Mandeln, nicht blanchiert und grob gemahlen
2 bis 3 Tropfen Orangenblütenwasser

Puderzucker zum Bestäuben

ZUBEREITUNG

Die Zutaten für den Teig in einer Küchenmaschine verarbeiten, bis sie sich zu einer Teigkugel verbinden. Die Teigkugel herausnehmen, in Frischhaltefolie einwickeln und für 1 Stunde kühl stellen.
Die Zutaten für die Füllung in eine Schüssel geben und gut durchmischen. Den Ofen auf 180 °C vorheizen.
Den Teig in 20 gleich große Portionen unterteilen. Mit leicht eingeölten Händen jede Portion zu einer Kugel formen und anschließend etwas flach drücken, sodass Kreise mit einem Durchmesser von etwa 4 cm entstehen. Jeweils einen halben Teelöffel der Füllung in die Mitte geben und den Teig um die Füllung herum zusammendrücken und wieder zu einer Kugel formen. Darauf achten, dass die Füllung nicht herausquillt.
Ein Backblech mit Backpapier auslegen. Die Kugeln auf dem Blech verteilen. Die Kekse an beiden Enden jeweils etwas zusammendrücken, um eine leicht abgeflachte Form zu erhalten.
Für das Formen der Maamoul werden gewöhnlich spezielle Holzlöffel benutzt, wodurch sie den typischen geriffelten Rand und das Muster auf ihrer Oberseite bekommen. Ein genauso gutes Resultat erzielen Sie, wenn Sie für die Einkerbungen und Muster eine Pinzette zu Hilfe nehmen.
Anschließend 25 Minuten backen, bis die Kekse durchgebacken, aber nicht gebräunt sind.
Aus dem Ofen nehmen und abkühlen lassen.
Die Kekse mit Puderzucker bestäuben und in einem luftdichten Behälter aufbewahren.

LEVEL: MITTEL
FÜR VIELE PERSONEN

BAKLAVA MIT DATTELN UND MANDELN

Die Baklava, ein klassisches Gebäck aus Blätterteig, scheint alle Grenzen von Ethnie, Religion und Nationalität zu überwinden. Diese Variante enthält Mandeln, Datteln und das unverwechselbare Aroma des Orangenblütenwassers. In einer abgewandelten Form wird sie zum Beispiel mit Pistazien und Honig zubereitet. Was nicht aufgegessen wird, kann einfach in einem luftdichten Behälter mehrere Tage aufbewahrt beziehungsweise mehrere Monate eingefroren werden. Am besten schmeckt die Baklava jedoch ganz frisch.

ZUTATEN

1 kg vorgefertigter Blätterteig
400 g Medjool-Datteln, entsteint und fein gehackt
300 g Mandeln, nicht blanchiert und grob gehackt
2 bis 3 Tropfen Orangenblütenwasser
1 Ei, geschlagen, zum Bestreichen
3 Esslöffel Muscovado-Zucker

Sirup
75 g weißer Zucker
80 ml Wasser

ZUBEREITUNG

Den Ofen auf 220 °C vorheizen.
Ein rechteckiges Backblech (23 × 33 cm) mit Backpapier auslegen.
Den Teig auf einer bemehlten Arbeitsfläche ausrollen, bis er 3 mm dick ist.
In zwei Hälften unterteilen und mit der einen Hälfte das Blech auslegen.
Datteln, Mandeln und Orangenblütenextrakt in einer Schale vermischen.
Die Masse gleichmäßig über den Teig auf dem Backblech verteilen.
Mit der zweiten Teighälfte abdecken und leicht auf die Füllung drücken.
Den Teig mit dem aufgeschlagenen Ei bestreichen. Mit einem scharfen Messer ein rautenförmiges Muster in die Oberfläche einschneiden.
Braunen Zucker über die Baklava streuen und 22 Minuten backen.
Inzwischen die Zutaten für den Sirup in einem kleinen Topf vermischen und auf mittlerer Flamme zum Kochen bringen. Die Baklava, sobald sie eine goldbraune Farbe angenommen hat, aus dem Ofen nehmen.
Den Sirup gleichmäßig über die Baklava gießen und auf Zimmertemperatur abkühlen lassen. Mit einem scharfen Messer entlang des eingeritzten Musters rautenförmige Stücke schneiden.
Schmeckt am besten zimmerwarm.

LEVEL: EINFACH
FÜR 2 PERSONEN

IN WEISSWEIN POCHIERTE BIRNEN

Pochierte Birnen sind eine einfache, aber sehr feine Süßspeise, die eher Erwachsene als Kinder anspricht. Angesichts der kurzen Zutatenliste und der unkomplizierten Zubereitung ist die komplexe Geschmackskomposition umso überraschender. Überdies ist es ein leichter Nachtisch, der einen perfekten Abschluss für ein reichhaltiges mehrgängiges Mahl bildet, wenn die Gäste nicht mehr genügend Platz für ein gebackenes Dessert haben, Früchte allein aber auch nicht angemessen wären.

ZUTATEN

6 feste, aber reife Bosc- oder Anjou-Birnen
1 Flasche trockener Weißwein
2 Esslöffel brauner Zucker
Schale von ½ Zitrone
4 ganze Nelken
1 Zweig Zitronenverbene
4 Esslöffel Crème fraîche, zum Servieren

ZUBEREITUNG

Die Birnen schälen, der Länge nach halbieren und mit einem Pariser Messer, Grapefruitlöffel oder Kugelausstecher entkernen. Alle Zutaten in einem großen Topf vermischen.
Den Topf abdecken und auf hoher Stufe zum Kochen bringen. Sobald die Mischung zu kochen beginnt, den Topfdeckel abnehmen und weiterkochen, bis der Wein fast vollständig verdampft ist und sich ein karamellartiger Sirup auf dem Boden des Topfes gebildet hat.
Topf vom Herd nehmen und 20 Minuten abkühlen lassen.
Mit jeweils etwas Crème fraîche servieren.

TIPP

Frische Zitronenverbene ist schwer zu finden, aber eine echte Offenbarung. Getrocknete Zitronenverbene eignet sich zwar auch, bewirkt aber nicht die gleiche Geschmacksexplosion.

LEVEL: KOMPLEX
ERGIBT 1 TARTE

TARTE TATIN MIT QUITTEN

Die Quitte hat trotz ihres etwas ungewöhnlichen Äußeren – sie ist knubbelig, flaumig und sieht etwas verwachsen aus – ein herrliches Aroma. Sie ist tatsächlich eine seltsame, aber auch eine der beglückendsten Früchte. Gebackene Quitten sind in der jüdisch-sephardischen und in der jüdischen Balkan-Küche ein sehr beliebtes und traditionelles Dessert. Im Nahen Osten wird sie auch mit würzigen Aromen verpaart. Bei diesem klassischen Tarte Tatin wurden die Äpfel durch Quitten ersetzt.

ZUTATEN

- 200 g Butter
- 170 g weißer Zucker
- 6 Quitten, geschält, entkernt und geviertelt
- 60 ml Wasser
- 2 Zimtstangen
- 1 kg vorgefertigter Blätterteig mit Butter

ZUBEREITUNG

Den Ofen auf 190 °C vorheizen.
Eine ofenfeste Bratpfanne (Durchmesser 26 cm) bei mittlerer Hitze auf den Herd stellen. Butter und Zucker hineingeben und unter ständigem Rühren kochen, bis sich der Zucker auflöst und der Karamell eine dunkle Bernsteinfarbe annimmt.
Die Pfanne vom Herd nehmen und leicht abkühlen lassen.
Die geviertelten Quitten mit der Schnittfläche nach unten in der Bratpfanne arrangieren. 60 ml Wasser darüber geben und die Zimtstangen dazwischen stecken.
Die Pfanne mit zwei Schichten Alufolie abdecken, in den Ofen stellen und für 40 Minuten backen. Dann prüfen, wie weich die Quitten sind. Wenn sie noch fest sind, weitere 10 Minuten backen.
Die Pfanne aus dem Ofen nehmen und die Temperatur auf 180 °C reduzieren. Die Alufolie entfernen und die Pfanne 10 Minuten abkühlen lassen.
Den Blätterteig auf einer bemehlten Arbeitsfläche ½ cm dick ausrollen.
Die Teigplatte über die Pfanne legen und überstehenden Teig abschneiden. In den Ofen stellen und für 20 Minuten backen oder bis der Teig eine bräunliche Farbe angenommen hat. Aus dem Ofen nehmen.
Einen großen Servierteller auf die Pfanne legen und vorsichtig umdrehen. 10 Minuten abkühlen lassen und warm servieren.

TIPP

Wie Äpfel und Birnen neigen auch Quitten dazu, schnell braun zu werden, sobald sie geschält sind. Um diesen etwas unschönen Anblick zu vermeiden, kann man die Quittenstücke nach und nach in eine Schüssel mit Wasser und dem Saft einer halben Zitrone geben, während man sie vorbereitet.

LEVEL: KOMPLEX
FÜR 4 PERSONEN

TARTE MIT FEIGEN UND MASCARPONE

Die Feige, eine der biblischen „Sieben Arten" (Seite 296), ist seit Jahrtausenden eine der bedeutendsten Früchte Israels. Der Anbau und Export von Feigen war für den wirtschaftlichen Erfolg dieser Region maßgeblich, und ihr süßer, erdiger Geschmack macht sie zu einer überaus beliebten Zutat in den Süßspeisen des Nahen Ostens. Diese köstliche Tarte kann man entweder in einer Backform mit einem Durchmesser von 24 cm backen oder als vier kleine Tartes in Formen mit je 6 cm Durchmesser.

ZUTATEN

Teig
300 g Mehl
200 g Butter
1 Ei
2 Esslöffel Puderzucker
1 Prise feinkörniges Salz

Füllung
300 g Mascarpone
½ Teelöffel Zitronenschale
Einige Tropfen Vanilleextrakt
1 Esslöffel Puderzucker, zusätzlich etwas mehr zum Bestäuben
500 g frische Feigen

ZUBEREITUNG

Die Zutaten für den Teig in einer Küchenmaschine verarbeiten, bis sie sich zu einer Teigkugel verbinden.
Die Teigkugel herausnehmen, in Frischhaltefolie einwickeln und für 1 Stunde kühl stellen.
Außer den Feigen alle Zutaten für die Füllung in eine Schüssel geben und gut durchmischen.
Den Ofen auf 180 °C vorheizen.
Den Teig auf einer bemehlten Arbeitsfläche zu einem 3 mm dicken Fladen mit einem Durchmesser von 16 cm ausrollen.
Den ausgerollten Teig in die Backform legen und mit den Fingern leicht andrücken. Mit einem scharfen Messer überstehenden Teig abschneiden.
Den Teig mit einem Bogen Backpapier abdecken und mit keramischen Backkugeln beschweren.
16 Minuten backen, bzw. so lange, bis die Ränder der Tarte eine goldbraune Farbe annehmen.
Tarte aus dem Ofen nehmen und völlig auskühlen lassen.
Die Backkugeln (die wiederverwendet werden können) und das Backpapier entfernen.
Die Mascaponefüllung in den Teig gießen und mit einem Messer, Teigspatel oder einer Randtülle glatt streichen. Die Feigen in Spalten schneiden und entweder als Muster oder lose darauf arrangieren.
Mit Puderzucker bestäuben und servieren.

ÜBER DIE REGION

TEL AVIV

TEL AVIV – KOCHEN IM SCHMELZTIEGEL

Durch seine strategisch gute Lage – direkt an der Mittelmeerküste und in der Mitte des Landes – ist Tel Aviv das kulinarische Ziel schlechthin. Die hier erhältlichen exzellenten Produkte aus allen Ecken des Landes und die Fülle an frischem Fisch und Meeresfrüchten bilden beste Voraussetzungen für seine Entwicklung zum kulturellen und kulinarischen Schmelztiegel. Heutzutage ist Tel Aviv überdies ein Zentrum innovativer Kochkunst, hier finden Köche Inspiration, hier machen sie Karriere und begeistern ihre neugierigen Gäste.

Israels schillernde moderne Metropole gilt schon lange als spannende Location. Während gewöhnlich die Strände und Clubs Hauptziele der jungen und trendbewussten Besucher waren, sind es inzwischen auch die innovativen und ambitionierten Köche, die sie in ihren Bann ziehen. Die seit jeher visionäre und kreative Küche von Tel Aviv macht mittlerweile auch international von sich reden.

Geschmackliche Vorlieben verändern sich im Laufe der Zeit, vor allem die jüngeren Generationen interessieren sich für alles, was neu, anders und global ist.

Oben: **Boaz Peled, Chefkoch und Restaurantbesitzer**, serviert zu seinen Fischgerichten häufig Arak, das anishaltige Getränk des Nahen Ostens.
Unten: Auf dem Levinsky-Markt wird türkischer Börek in mundgerechten Stücken angeboten – ein in Tel Aviv beliebter Snack aus gefülltem Blätterteig.

Tel Aviv ist heute eine ausgesprochen moderne Stadt, doch sie hat nicht immer so ausgesehen: Vor etwas mehr als hundert Jahren war sie lediglich eine Sanddüne neben einem seit der Antike bestehenden arabischen Handelszentrum – dem Hafen von Jaffa. Die Vision einer rein jüdischen Stadt vor Augen, tauften David Ben-Gurion und seine Anhänger diesen Ort „Tel Aviv", was so viel heißt wie „Frühlingshügel". Der Name bezieht sich auf den utopischen Roman *Altneuland* von Theodor Herzl – „Tel" bezeichnet zudem einen vielschichtigen Siedlungshügel, während „Aviv" auch „Wachstum" oder „Wiederaufblühen" bedeuten kann.

Die Stadt wurde 1909 von jüdischen Einwanderern gegründet. Man hörte vor allem die Sprachen Polnisch, Jiddisch und Deutsch auf den Straßen, und

Wenn Rotbarben so frisch sind, braucht es nur noch eine Zitronenspalte und ein Glas Arak. (Rezept Seite 132)

Sandwiches können traditionell oder ganz zeitgemäß belegt werden. Diese saftige Variante aus dem Restaurant Dallal im angesagten Viertel Neve Tzedek enthält frisch blanchierten Spinat mit einem pochierten Ei und Fischrogen. *Gegenüberliegende Seite:* **Ein köstlicher klassischer Snack: Falafel in der Pita.**

Im kosmopolitischen Tel Aviv gibt es alles, was das Herz begehrt – Espressobars, Pizzerien, chinesische Restaurants und Burgerläden – der einheimische Hummus ist jedoch nicht weniger beliebt.

DER TABUN

Zivilisationen der ganzen Welt kochen seit Generationen mit Holz oder Kohle im Tonofen. Einige vergraben ihr Essen sogar im Boden und nutzen die gestaute Hitze für den Garprozess. Der Tabun ist ein Tonofen mit einem Loch im Boden für das Entzünden eines Feuers und einer Öffnung an der Oberseite, die mit einem Deckel verschlossen werden kann. Die Palästinenser nutzen den Tabun zum Brotbacken, aber auch zum Garen von Eintöpfen, Fleisch sowie allermöglichen herzhaften Gerichte.

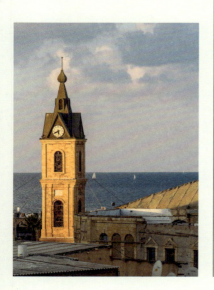

die Küche war von den jeweiligen Ländern beeinflusst. Es gab viele Gerichte mit Kartoffeln und Fleisch, die mit der heutigen osteuropäischen Esskultur große Ähnlichkeit hatten. Auch im Tel Aviv der Gegenwart gibt es noch Überbleibsel dieser alten Welt – kleine Restaurants, die klassische Gerichte der Aschkenasim wie Hühnersuppe, Gefilte Fisch und Kalbsfuß-Sülze servieren –, aber die geschmacklichen Vorlieben haben sich im Laufe der Jahrzehnte verändert, und die jüngeren Generationen interessieren sich vor allem für alles, was neu, anders und global ist.

Um die kulinarische Entwicklung der Stadt nachvollziehen zu können, muss man zurückschauen: Aufgrund der verheerenden Folgen der nationalsozialistischen Gewaltherrschaft in Europa mit ihren unzähligen Opfern kamen sehr viele Juden nach dem Zweiten Weltkrieg nach Israel. Zeitgleich, in den späten 1940er-Jahren, trafen auch jüdische Immigranten aus dem Jemen in der Stadt ein. In Vierteln wie Kerem HaTeimanim (wörtlich: „Weinberg der Jemeniten") und Hatikva gibt es immer noch viele Lokale, in denen auf Petroleumkochern Suppe oder auch Teig- und Brotspezialitäten aus der jemenitisch-jüdischen Küche zubereitet werden. Später haben auch Juden vom Balkan zu diesem kulinarischen Schmelztiegel beigetragen. Sie trafen ein, als die Region ihrer Herkunft sich nach dem Kalten Krieg öffnete, bevor sie in den 1990er-Jahren in einen Bürgerkrieg gestürzt wurde. Die Neuankömmlinge eröffneten einfache Speiselokale, in denen sie traditionelle Gerichte servierten und somit zum vielfältigen kulinarischen Spektrum der Region beitrugen.

Auch in den Restaurants der Mizrachim (Juden, die aus dem Nahen Osten stammen) wurden althergebrachte Speisen angeboten wie Fleischspieße, Hummus und Salate. In den 1970er-Jahren begannen die Israelis jedoch, nach neuen Inspirationen zu suchen. In Tel Aviv wurde eine Vielzahl von neuen Lokalen eröffnet, darunter Espressobars, Pizzerien, chinesische Restaurants

Gegenüberliegende Seite, unten: **Der Uhrturm von Jaffa überragt das geschäftige Treiben auf den Märkten und lässt die Menschen wissen, wann es Zeit für die wohlverdiente Mahlzeit ist.**
Gegenüberliegende Seite, oben: **Ein Blick in die Küche des Raphaël, eines gehobenen Restaurants in Tel Aviv.**
Diese Seite: **Im Raphaël werden mit Innereien gefüllte marokkanische Teigrollen und Ceviche mit Meeresfrüchten und Blutorangen serviert.**

Alle israelischen Küchenchefs verarbeiten zwar Produkte aus dem Norden und Fisch aus dem Mittelmeer, wer sich jedoch einen Namen machen will, kommt nach Tel Aviv.

Ein Gast tunkt das etwas zähe Brot in seine Shakshuka. Gegenüberliegende Seite, oben: Die Köche im HaKosem bereiten die Gaumenfreuden des Tages zu. Gegenüberliegende Seite, unten: **Vor dem Da Da & Da, einem angesagten neuen Restaurant auf dem Rothschild Boulevard.**

Seit den 1970er-Jahren suchen die Israelis jenseits des Mittelmeers nach Inspiration. Tel Aviv ist durch diese Entwicklung zu einer kulinarischen Weltstadt avanciert, ganz auf Augenhöhe mit New York City.

SESAM

Die nahöstliche Küche wäre ohne diese winzigen und bescheidenen Samen nicht die gleiche. In diesem Kapitel werden sie auf Focaccia (Seite 122) gestreut oder für das Halva-Schokoladengebäck zu Halva (Seite 152) verarbeitet. In seiner flüssigen Form – Tahin – spielt es in vielen Speisen eine wichtige Rolle, entweder als Grundlage eines Gerichts (Hummus oder Tahin) oder um eine Mahlzeit zu garnieren oder zu beträufeln. Insofern dürfte es verwundern, dass Sesam nicht in Israel angebaut wird, sondern in großen Mengen aus Afrika und Indien importiert wird. In Israel angekommen, wird er dann in jene Pasten und Saucen verwandelt, die die Israelis, Palästinenser und neuerdings auch die internationalen Gäste so sehr lieben.

Yomi Levi, jüdisch-türkischer Kaufmann in dritter Generation, präsentiert stolz seine große Auswahl an verschiedenfarbigen Olivensorten im familiengeführten Laden auf dem Levinsky-Markt.

und Burgerläden. Die Stadt ist durch diese Entwicklung zur kulinarischen Weltstadt avanciert, ganz auf Augenhöhe mit New York – wo ebenfalls eine große jüdische Gemeinde beheimatet ist.

Die gegenwärtige Revolution der Esskultur nahm in den späten 1980er-Jahren ihren Anfang. Junge Köche, die Enkelkinder der Immigranten, absolvierten ihre Ausbildung im Ausland, in berühmten Restaurants in Europa und in den USA. Nach ihrer Rückkehr verschmolzen sie die traditionelle Küche ihrer Vorfahren mit neuen kulinarischen Trends und Methoden. Dabei spielten als Hauptzutaten vor allem Olivenöl, einheimische Fische und die bemerkenswerte Vielfalt an Obst und Gemüse eine wichtige Rolle. Juden, die den Horizont ihrer Esskultur erweitern und die kulinarischen Gepflogenheiten ihrer geografischen Nachbarn erkunden wollten, entdeckten die palästinensische Küche.

Die heutige mediterrane Küche in Israel, vor allem in Tel Aviv und in der Mitte des Landes, beruht auf der Verwendung frischer und möglichst naturbelassener Zutaten und typischen einheimischen Zubereitungsmethoden wie zum Beispiel dem Grillen mit Holzkohle oder dem Backen im traditionellen Tabun (siehe Seite 92).

Die Entwicklung der Küche in Jaffa hingegen ist wesentlich schwieriger nachzuvollziehen, obwohl die viele Tausende Jahre umfassende Geschichte der Stadt gut dokumentiert ist. Als wirtschaftliche und staatliche Zentren, in denen Waren und Wissen ausgetauscht wurden, waren Hafenstädte schon

Oben: **Unter bewölktem Himmel bringen die Fischer in Jaffa den Fang des Tages an Land.** Unten: **Berge von frischen Fischen, die darauf warten, in alle möglichen Köstlichkeiten verwandelt zu werden.** Rechts: **Fischer und Fischhändler bei der täglichen Fischauktion Dallal in Jaffa.**

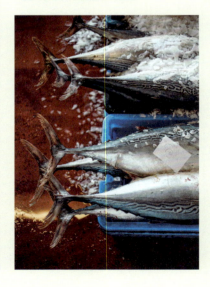

Diese Seite: **In einigen Fischerfamilien arbeiten die Generationen, Vater und Sohn, Seite an Seite.** Rechts: Fischer und Fischhändler schließen auf der Fischauktion ein Geschäft ab.

Hafenstädte, einst wirtschaftliche und staatliche Zentren, in denen Waren und Wissen ausgetauscht wurden, waren schon immer für ihre Küche berühmt.

immer für ihre Küche berühmt. Nachdem die Gründung des Staates Israel 1948 in einen lange anhaltenden Krieg mündete, blieben nur wenige Familien in Jaffa. Die meisten flohen und verteilten sich über den ganzen Nahen Osten hinweg. Die alten Häuser, aber auch neue und sehr schnell gebaute Wohnhäuser wurden von arabischen Flüchtlingsfamilien übernommen, die aus anderen Regionen geflohen waren, aber auch von jüdischen Flüchtlingen, die nach 1948 hier eintrafen. Es war Zeit und die richtige Atmosphäre für eine Begegnung der Denkweisen. In den Restaurants besann man sich auf die verschiedenen Epochen der kulinarischen Entwicklung der Region sowie die unterschiedlichen gastronomischen Hintergründe – und vereinte sie auf einem Teller.

Heutzutage gehören Jaffa und Tel Aviv zum gleichen städtischen Verwaltungsbezirk. Jaffa ist immer noch ein geschäftiges Zentrum der Fischerei, in seinem pittoresken alten Hafen liegen die Boote, die das Land mit einem Großteil des Bedarfs an frischem Fisch versorgen. Auch seine Hummusläden sind im ganzen Land berühmt. In letzter Zeit haben einheimische Köche begonnen, das Vermächtnis der Küche von Jaffa zu erkunden. Dafür haben sie mithilfe der Frauen aus den ältesten Familien der Stadt beinahe vergessene Rezepte wieder zum Leben erweckt. In Tel Aviv und Jaffa sind zahlreiche Erzeugermärkte entstanden, wo Produkte aus ganz Israel angeboten werden. Bei Pilgern und Geschichtenerzählern ist Jaffa seit Jahrhunderten als wichtige Region für den Anbau von Zitrusfrüchten bekannt. Der einst kleine und mittlerweile zur Metropole angewachsene Ort war tatsächlich einmal von Feldern und Zitrushainen umgeben. Mitte des 19. Jahrhunderts entdeckten die Bauern von Jaffa beispielsweise die Shamouti-Orange, die später als Jaffa-Orange bekannt werden sollte, und arabische wie jüdische Erzeuger begannen, sie nach Übersee zu exportieren. Obwohl durch die rasante Urbanisierung viele Orangenhaine abgeholzt worden sind, ist die Sharonebene nördlich von Tel Aviv nach wie vor ein wichtiges Zentrum für den Anbau und den Export von verschiedenen Zitrusfrüchten, und das süße und säuerliche Zitrusaroma bestimmt immer noch die Küche dieser Region.

UMSTRITTENE MEERESFRÜCHTE

Die kosheren Speisegesetze schreiben vor, dass ein für den Verzehr gedachter Fisch Schuppen und Flossen haben muss. In der jüdischen Küche müssten daher Meeresfrüchte verboten sein. In Tel Aviv sieht man heutzutage jedoch eine große Auswahl an Krebsen, Hummern, Garnelen und Muscheln. Wie kommt das? Laut der unabhängigen israelischen Tageszeitung *Haaretz* nahm der Trend in den 1980er-Jahren seinen Anfang und erreichte Mitte der 1990er-Jahre seinen Höhepunkt, nachdem Importe von Meeresfrüchten nach Israel offiziell genehmigt worden waren und die Restaurants mehr und mehr Touristen beköstigten.

Die einheimischen Köche erkunden das kulinarische Vermächtnis der Küche von Jaffa, und in Tel Aviv sind an allen möglichen Orten Erzeugermärkte entstanden.

Auf dem überdachten Carmel-Markt im Hafen von Tel Aviv wird an den familiengeführten Ständen eine so breit gefächerte Auswahl an Produkten verkauft, dass keine Wünsche offen bleiben. Auch ein Chefkoch findet hier alles, was er braucht.

Tel Aviv ist heutzutage die progressivste, liberalste und modernste Stadt in Israel und zweifellos die kulturelle und kulinarische Hauptstadt des Landes. Was als jüdisches Utopia gedacht war, ist mehr oder weniger aus dem Nichts auf einer Sanddüne entstanden und hatte somit die besten Voraussetzungen, denn Innovation und Wagemut fallen viel leichter, wenn auf keine Tradition Rücksicht genommen werden muss. Auch wenn die Bauten in Tel Aviv von einer bald hundertjährigen Geschichte der Bauhaus-Architektur erzählen, ist die Stadt dennoch zum Flaggschiff der neuen Küche Israels geworden. In dieser Metropole am Mittelmeer gibt es die besten Restaurants des Landes und eine ausgesprochen lebendige Gastro-Szene, die Gourmets aus aller Welt anzieht. Alle israelischen Küchenchefs verarbeiten zwar Produkte aus dem Norden und Fisch aus dem Mittelmeer, wer sich jedoch einen Namen machen will, kommt nach Tel Aviv.

ÜBER DIE REGION / TEL AVIV

REZEPTE
TEL AVIV

DER GE-SCHMACK DES NEUEN

- 106 BLATTSALAT MIT ORANGEN UND PARMESAN
- 108 FENCHELSALAT
- 110 CARPACCIO AUS ROTER BEETE
- 112 GEBRATENER ROTKOHL
- 114 LAUCH-CONFIT
- 116 GEBACKENE SÜSSKARTOFFELN MIT JOGHURT
- 118 LINSEN MIT GRANATAPFEL
- 120 EINGELEGTER HERING MIT BRUSCHETTA
- 122 FOCACCIA MIT VERSCHIEDENEN KÖRNERN
- 124 SÜSSE FOCACCIA MIT ORANGEN
- 126 HÜHNERSUPPE MIT ORANGEFARBENEM GEMÜSE
- 128 SUPPE MIT ZACKENBARSCHKÖPFEN UND LAUCH-KREPLACH
- 130 SASHIMI MIT PINKER GRAPEFRUIT
- 132 GEBRATENE ROTBARBEN
- 134 FISCH IN EINER SALZ-KRÄUTER-HÜLLE
- 136 BULGUR-RISOTTO MIT KREBSEN
- 138 MEERESFRÜCHTE AUS DER PFANNE
- 140 GEDÄMPFTE TEIGTASCHEN MIT GARNELEN
- 142 LANGSAM GEGARTES RINDER-BRISKET
- 144 LAMM-SPARERIBS MIT ORANGENMARINADE
- 146 GEBRATENE LAMMSCHULTER
- 148 KUCHEN MIT TROCKENFRÜCHTEN
- 150 PISTAZIENKUCHEN
- 152 HALVASCHNECKEN MIT SCHOKOLADE
- 154 REISPUDDING

Rezepte aus Tel Aviv umfassen frische Salate, moderne Focaccia-Varianten sowie farbenreiche Paletten frischer Produkte, vor allem Gemüse. Es gibt einige alte osteuropäische Gerichte, die noch häufig zubereitet werden, aber auch das ein oder andere Rezept aus China oder Japan. Eines ist jedenfalls sicher, die Köche in Tel Aviv finden oder erfinden immer wieder etwas Neues – mit den richtigen Anregungen gelingt Ihnen das bestimmt auch.

Im Restaurant Dallal in Tel Aviv wird dieses Gericht aus gebratenen Artischocken mit Tomatenvinaigrette, Parmesancreme, gehobeltem Parmesan und Chimichurri serviert.

LEVEL: EINFACH
FÜR 4 PERSONEN

BLATTSALAT MIT ORANGEN UND PARMESAN

Ein grüner Salat mit Zitrusfrüchten und gehobeltem Parmesankäse ist ein herrlicher Appetizer oder zweiter Gang und mit seinen leuchtenden Farben eine Augenweide auf dem Tisch. Der strenge Geschmack des Hartkäses verbindet sich wunderbar mit der frischen Säure der Orangen und dem angenehmen Aroma der Kräuter. Solche Salate sind oft wesentlich einfacher zuzubereiten als sie aussehen und eignen sich daher als schnell gezauberte Beigabe zu einem mehrgängigen Menü.

ZUTATEN

Saft von 1 Orange
½ Teelöffel Orangenschale
2 Esslöffel natives Olivenöl extra
1 Teelöffel feinkörniges Salz
½ Teelöffel frisch gemahlener schwarzer Pfeffer
1 Handvoll frische Minzblätter
1 Handvoll frische Petersilie
1 Handvoll Raukeblätter
2 Orangen, filetiert, ohne Trennhäute und Kerne
50 g gehobelter Parmesan

ZUBEREITUNG

Orangensaft, Orangenschale, Öl, Salz und Pfeffer in einer kleinen Schüssel gut verrühren. Die Hälfte der Minze, Petersilie und Raukeblätter in eine Salatschüssel geben.
Mit der Hälfte der Orangenfilets belegen.
Wiederholen.
Das Dressing hinzufügen, den Parmesan darübergeben und servieren.

LEVEL: EINFACH
FÜR 4 PERSONEN

FENCHELSALAT

Kurz eingelegter Fenchel ist in vielen nordafrikanischen Küchen sehr beliebt, wo er als erfrischende Beilage zu füllenden und aufwendigen Couscous-Gerichten gereicht wird. In Verbindung mit anderen Gemüsegerichten (wie Blattsalat, Seite 106, und Carpaccio aus Roter Beete, Seite 110) ist diese Version eine vorzügliche Ergänzung einer jeden Mezze-Platte und geradezu eine Huldigung an die Gaben der Natur.

ZUTATEN

4 mittelgroße Fenchelknollen, geputzt
Saft von 3 Zitronen
1 Teelöffel fein gehackte frische rote Anaheim-Chilis, entkernt
1 Teelöffel feinkörniges Salz
2 Esslöffel natives Olivenöl extra
2 Thymianstängel, zum Garnieren

ZUBEREITUNG

Die Fenchelknollen längs halbieren.
Die Hälften mit der Schnittfläche nach unten auf ein Schneidebrett legen und längs in ½ cm dicke Streifen schneiden.
Die Fenchelstreifen mit Zitronensaft, Chilis und Salz in einer Schüssel gut vermengen.
2 Stunden in den Kühlschrank stellen, nochmals vermengen und auf einer Servierplatte arrangieren.
Den Fenchel mit dem Öl beträufeln, mit dem Thymian garnieren und servieren.

LEVEL: EINFACH
FÜR 4 PERSONEN

CARPACCIO AUS ROTER BEETE

Carpaccio aus Rindfleisch oder Thunfisch ist in der italienischen Küche schon lange eine feste Größe, das ist auch den Vegetariern nicht entgangen. Hauchdünn geschnittenes Fleisch hat ein besonders intensives Aroma, außerdem nimmt es die Sauce oder das Dressing sehr gut auf. Warum sollte das nicht auch mit Gemüse funktionieren? Dieses Carpaccio aus Roter Beete hat eine herrlich seidige Konsistenz, das erdige Aroma der Roten Beete wird durch die Säure der Zitrone und die Gewürze noch hervorgehoben.

ZUTATEN

- 2 ungekochte Rote Beeten, geschält
- 3 Esslöffel Granatapfelsaft
- 1 Esslöffel frisch gepresster Zitronensaft
- 2 Esslöffel natives Olivenöl extra
- 1 Teelöffel grobkörniges Salz
- ½ Teelöffel frisch gemahlener schwarzer Pfeffer
- 2 gehäufte Esslöffel Granatapfelkerne
- 2 Zweige frische Oreganoblätter
- 1 rote Anaheim-Chili, entkernt und gehackt

ZUBEREITUNG

Mit einem Gemüsehobel die Rote Beete in hauchdünne Scheiben schneiden.
Granatapfelsaft, Zitronensaft, Olivenöl, Salz und Pfeffer in ein kleines Gefäß geben und gut vermischen.
Die Rote-Beete-Scheiben auf einer Servierplatte eng beieinander arrangieren, sie sollten aber nicht aufeinander liegen.
Das Dressing über das Carpaccio gießen und die Granatapfelkerne, Oreganoblätter und Chili darüber streuen.
10 Minuten ziehen lassen und dann servieren.

LEVEL: MITTEL

FÜR 6 PERSONEN

GEBRATENER ROTKOHL

Rotkohl ist seit Generationen eine feste Größe in der Küche der Aschkenasim in West- und Osteuropa. Bei diesem Rezept wird er auf mediterrane Art zubereitet, wobei sein intensiver und etwas strenger Geschmack mit Olivenöl, Granatapfelsaft und Walnüssen verpaart wird. Durch das kurze Anbraten des Rotkohls in der Pfanne werden seine Aromen akzentuiert. Das ist definitiv nicht mehr der Rotkohl, den man von der Großmutter kennt.

ZUTATEN

1 mittelgroßer Rotkohl
3 Esslöffel natives Olivenöl extra
1 Teelöffel grobkörniges Salz
½ Teelöffel frisch gemahlener schwarzer Pfeffer

Dressing
3 Esslöffel Granatapfelsaft
2 Esslöffel natives Olivenöl extra
2 Esslöffel gehackte Petersilie
½ Teelöffel feinkörniges Salz
2 Esslöffel zerstoßene Walnüsse, zum Garnieren

ZUBEREITUNG

Den Rotkohl halbieren und in ca. 2 cm dicke Scheiben schneiden. Darauf achten, dass genug vom Strunk erhalten bleibt, damit die Blätter nicht auseinanderfallen.
Eine Bratpfanne sehr hoch erhitzen.
Die Kohlscheiben mit Olivenöl bestreichen und großzügig mit Salz und Pfeffer würzen.
Nacheinander jeweils eine Rotkohlscheibe auf jeder Seite 5 bis 7 Minuten anbraten, bis sie leicht verkohlt ist.
Die gebratenen Scheiben in eine Servierschüssel legen.
Außer den Walnüssen alle Zutaten für das Dressing in einer kleinen Schüssel vermengen.
Das Dressing über den Kohl gießen, mit Walnüssen garnieren und servieren.

LEVEL: EINFACH
FÜR 4 PERSONEN

LAUCH-CONFIT

Lauch findet sich oft nur am Boden des Suppentopfs oder wird zusammen mit Knoblauch und Zwiebeln bloß zur Intensivierung des Geschmacks verwendet. Das ist sehr schade, denn er ist ein ausgesprochen wohlschmeckendes Gemüse, das ganz für sich stehen kann. Durch das langsame Rösten im Backofen karamellisieren die Lauchstangen und werden schön braun, bis sie so saftig und köstlich sind wie ein Schmorbraten – und nicht weniger überzeugend.

ZUTATEN

6 kleine Lauchstangen
2 Esslöffel natives Olivenöl extra
½ Teelöffel feinkörniges Salz
½ Teelöffel frisch gemahlener schwarzer Pfeffer
½ l Gemüse- (Seite 286) oder Hühnerfond (Seite 289)

ZUBEREITUNG

Den Ofen auf 200 °C vorheizen.
Die Lauchstangen in 3 bis 5 cm lange Stücke schneiden und in einem tiefen Bratblech auslegen. Mit Olivenöl beträufeln und mit Salz und Pfeffer würzen. 20 Minuten rösten, bis die Lauchstücke leicht goldbraun sind.
Die Brühe hinzufügen, die Temperatur auf 160 °C reduzieren und weitere 40 Minuten im Backofen lassen, bis der Lauch gebräunt und zart ist und die Brühe absorbiert hat (falls noch Flüssigkeit übrig ist, weitere 10 Minuten braten).
Vor dem Servieren 5 Minuten abkühlen lassen.

TIPP

Lauch eignet sich hervorragend für alle möglichen Geschmackskombinationen: So lassen sich beispielsweise Thymian oder Oregano vor dem Braten dazugeben, oder man kann für ein etwas exquisiteres Aroma eine andere Brühe (von Gans oder Ente) verwenden oder für einen scharfen Kick auch Chili.

LEVEL: EINFACH
FÜR 4 PERSONEN

GEBACKENE SÜSSKARTOFFELN MIT JOGHURT

Das Backen in Salz ist in der neuen israelischen Küche ein sehr beliebtes Verfahren und eignet sich in besonderem Maße für den milden Geschmack der Süßkartoffel. Das erdige Aroma der Süßkartoffel erhält durch die Joghurtschicht einen zusätzlichen Kick. Der Joghurt kann nach Belieben mit frischen Kräutern vermischt werden oder, für eine pikante Note und etwas zusätzlichen Biss, mit Knoblauch und Frühlingszwiebeln.

ZUTATEN

500 g grobkörniges Salz
8 mittelgroße Süßkartoffeln, ungeschält, gewaschen und getrocknet

Dressing
120 ml Joghurt (vorzugsweise aus Schafsmilch)
1 Handvoll gehackte frische Petersilie
1 Stange gehackte Frühlingszwiebel
1 Knoblauchzehe, zerdrückt
½ Teelöffel feinkörniges Salz
½ Teelöffel frisch gemahlener schwarzer Pfeffer

ZUBEREITUNG

Den Ofen auf 220 °C vorheizen.
Die Hälfte des grobkörnigen Salzes in ein tiefes Bratblech schütten, die Süßkartoffeln daraufsetzen und den Rest des Salzes darübergeben. 40 Minuten backen.
Inzwischen die Zutaten für das Dressing in einer kleinen Schüssel gut verrühren.
Die Süßkartoffeln aus dem Ofen nehmen, 15 Minuten auf Zimmertemperatur abkühlen lassen und das an ihnen hängen gebliebene Salz abstreifen.
Die Süßkartoffeln vorsichtig schälen und in eine Servierschüssel geben.
Jeweils einen Esslöffel Dressing über die Kartoffeln träufeln und servieren.

LEVEL: EINFACH

FÜR 4 PERSONEN

LINSEN MIT GRANATAPFEL

Dieses vegetarische Rezept ist von einem Gericht inspiriert, welches unter den Arabern aus Jaffa sehr beliebt ist: Es heißt „Romanieh" und besteht aus Auberginen, Linsen und Granatapfel. Obwohl die Farben sich bei diesem Rezept ziemlich bedeckt halten, ist die Kombination von Linsen und Granatapfel überraschend herzhaft und auch für eine Hauptspeise sättigend genug. Linsen sind relativ nahrhaft und brauchen keine Stärkebeilage, ein Salat ist hingegen eine sehr gute Ergänzung.

ZUTATEN

- 2 Esslöffel natives Olivenöl extra
- 1 Zwiebel, fein gehackt
- 2 Knoblauchzehen, zerdrückt
- 400 g Belugalinsen
- 500 ml Gemüsefond (Seite 286)
- 250 ml Granatapfelsaft
- 3 Esslöffel Granatapfelkonzentrat
- 1 Teelöffel frisch gemahlener schwarzer Pfeffer
- 1 Esslöffel Salz

ZUBEREITUNG

Das Olivenöl in einem mittelgroßen Topf erhitzen, dann die Zwiebel und den Knoblauch hinzufügen und anbraten, bis diese leicht goldbraun sind. Außer dem Salz alle anderen Zutaten dazugeben und die Mischung zum Kochen bringen.
Die Temperatur reduzieren und 30 Minuten köcheln lassen, bis die Linsen weich sind, aber nicht zerfallen. Sobald die Linsen weich sind, das Salz hinzufügen und auf hoher Stufe für bis zu 5 Minuten kochen, bis die Mischung eingedickt ist. Darauf achten, dass die Linsen nicht zerkocht werden, sie sollten ihre Form behalten.

LEVEL: EINFACH

FÜR 4 PERSONEN

EINGELEGTER HERING MIT BRUSCHETTA

Der bei den Juden aus Osteuropa beliebte gesalzene und eingelegte Fisch gehört zu den wenigen aschkenasischen Gerichten, die sich in der neuen israelischen Küche einen festen Platz erobert haben. Zu dem strengen Geschmack und der öligen Beschaffenheit passt sehr gut etwas Alkoholisches, ein guter und starker Drink nach dem Hering ist also gerade recht. Zwei Heringe sind eine angemessene Vorspeise. Jeder weitere Hering macht unter Umständen süchtig und zu satt für den Hauptgang.

ZUTATEN

8 Scheiben Vollkornsauerteigbrot, je 1 cm dick
400 g entgrätete eingelegte Heringsfilets, in ½ cm breite Streifen geschnitten
1 rote Zwiebel, dünn geschnitten
2 Stangen fein gehackte Frühlingszwiebeln
1 Esslöffel Apfelweinessig
½ Teelöffel grob gemahlener schwarzer Pfeffer
1 reife Tomate, halbiert
4 Esslöffel Butter

ZUBEREITUNG

Das Brot nach Belieben im Toaster oder Backofen rösten.
Hering, rote Zwiebel und Frühlingszwiebeln, Essig und schwarzen Pfeffer in einer kleinen Schüssel vermengen.
Die Tomate über der Schüssel ausdrücken.
Vorsichtig vermischen und darauf achten, dass der Fisch seine Form behält. Die Brotscheiben mit jeweils ½ Esslöffel Butter bestreichen, die Heringsmischung daraufgeben und servieren.

LEVEL: KOMPLEX

ERGIBT 2 FOCACCIA-BROTE

FOCACCIA MIT VERSCHIEDENEN KÖRNERN

Aus der italienischen Mittelmeerküche kamen entscheidende Anregungen für die neue israelische Küche. Die Focaccia, ein traditionelles italienisches Brot, wurde daher in der Region, in der gebackene Fladenbrote ohnehin allgegenwärtig sind, mit Begeisterung aufgegriffen. Anstatt dem Teig Oliven oder sonnengetrocknete Tomaten hinzuzufügen, haben sich die israelischen Köche ihre eigenen köstlichen Varianten ausgedacht.

ZUTATEN

Teig
10 g frische Hefe
1 Esslöffel Honig
350 ml kaltes Wasser
400 g weißes Mehl
100 g Weizenvollkornmehl
1 Esslöffel feinkörniges Salz
2 Esslöffel natives Olivenöl extra

Belag
60 g Sesam, nicht geröstet
60 g Sonnenblumenkerne
60 g Kürbiskerne
½ Teelöffel grobkörniges Salz

ZUBEREITUNG

In der Schüssel eines Standrührgerätes Hefe, Honig, ¾ der Wassermenge, weißes Mehl und Vollkornmehl sowie Salz vermengen. Mit dem Knethaken 3 Minuten auf niedriger Stufe kneten, bis sich eine Teigkugel formt. Das Olivenöl hinzufügen und auf mittlerer Stufe weitere 7 Minuten kneten. Währenddessen nach und nach das restliche Wasser dazugießen, bis dieses vollständig vom Teig aufgenommen wurde.
Falls kein Standrührgerät mit Knethaken zur Verfügung steht, kann der Teig auch von Hand geknetet werden, bis sich eine Teigkugel formt. Das Olivenöl hinzufügen und dann weitere 8 Minuten kneten, bis der Teig glatt und geschmeidig ist. Die Teigkugel in eine gut geölte Schüssel legen und diese mit Frischhaltefolie abdecken. Den Teig ca. 1 Stunde gehen lassen, bis er seine Größe verdoppelt hat.
Auf einer leicht eingefetteten Arbeitsfläche den Teig in zwei gleich große Portionen aufteilen und aus jeder Portion ein 30 × 15 cm großes Rechteck ausrollen.
Ein Backblech mit Backpapier auslegen und die Teigplatten darauflegen. Die Zutaten für den Belag vermischen. Jeweils ¼ des Belags auf die Rechtecke streuen und in den Teig drücken, die Teigplatten umdrehen und jeweils ein weiteres Viertel darauf wie beschrieben verteilen. Beide Seiten des Focaccia-Brotes sollten nun mit Körnern bedeckt sein.
Den Teig für eine Stunde gehen lassen.
Den Ofen auf 250 °C vorheizen.
Die Focaccia-Brote 20 Minuten backen, bis sie goldbraun sind.
Vor dem Servieren 10 Minuten abkühlen lassen.

LEVEL: KOMPLEX

ERGIBT 1 FOCACCIA-BROT

SÜSSE FOCACCIA MIT ORANGEN

Diese köstliche süße Focaccia ist ein Mittelding zwischen Brot und Kuchen, der Orangenlikör und der Honig verleihen ihr einen äußerst feinen Geschmack. Angesichts ihres ungewöhnlichen Aussehens und der überraschenden Geschmacksexplosion, die sie auslöst, mag man gar nicht glauben, wie schnell diese Focaccia gebacken ist.

ZUTATEN

Teig
10 g frische Hefe
4 Esslöffel Honig
350 ml kaltes Wasser
400 g weißes Mehl
100 g Weizenvollkornmehl
1 Esslöffel feinkörniges Salz
3 Esslöffel natives Olivenöl extra

Belag
120 ml Wasser
100 g Zucker
2 Orangen, in ½ cm dicke Scheiben geschnitten
2 Esslöffel Orangenlikör
1 Handvoll Thymianblätter zum Verzieren

ZUBEREITUNG

In der Schüssel eines Standrührgerätes Hefe, Honig, ¾ der Wassermenge, weißes Mehl und Vollkornmehl sowie Salz vermengen. Mit dem Knethaken 3 Minuten auf niedriger Stufe kneten, bis sich eine Teigkugel formt. Das Olivenöl hinzufügen und auf mittlerer Stufe weitere 7 Minuten kneten. Währenddessen nach und nach das restliche Wasser dazugießen, bis dieses vollständig vom Teig aufgenommen wurde. Falls kein Standrührgerät mit Knethaken zur Verfügung steht, kann der Teig auch von Hand geknetet werden, bis sich eine Teigkugel formt. Das Olivenöl hinzufügen und dann weitere 8 Minuten kneten, bis der Teig glatt und geschmeidig ist. Die Teigkugel in eine gut geölte Schüssel legen und diese mit Frischhaltefolie abdecken. Den Teig ca. 1 Stunde gehen lassen, bis er seine Größe verdoppelt hat. Inzwischen Wasser und Zucker in einem kleinen Topf vermengen und zum Kochen bringen. Die Temperatur reduzieren und die Orangenscheiben und den Orangenlikör hinzufügen.
10 Minuten leicht kochen lassen. Die Orangenmischung vom Herd nehmen und auf Zimmertemperatur abkühlen lassen.
Ein tiefes Backblech mit Backpapier auslegen. Den Teig auf das Blech legen und mit den Händen flach drücken, bis er das Blech gleichmäßig ausfüllt. Die Orangenscheiben aus dem Sirup nehmen und sie auf dem Teig arrangieren. Die Thymianblätter darüberstreuen und den Teig für eine weitere Stunde gehen lassen.
Den Ofen auf 210 °C vorheizen.
Die Focaccia 20 Minuten backen, bis sie goldbraun ist.
Mit dem Orangensirup bestreichen.
Vor dem Servieren 15 Minuten abkühlen lassen.

LEVEL: EINFACH
FÜR 4 PERSONEN

HÜHNERSUPPE MIT ORANGEFARBENEM GEMÜSE

Unter den Aschkenasim aus Osteuropa ist die Hühnersuppe seit Langem als das „jüdische Penicillin" bekannt. Die angenehme Salzigkeit, die Proteine und das frische Gemüse scheinen jede Erkrankung zu kurieren. Das schöne orangefarbene Gemüse ist eine köstliche und moderne Erweiterung dieses beliebten Originalrezepts.

ZUTATEN

2 Karotten, geschält
200 g geschälter Kürbis
1 große Süßkartoffel, geschält
1 Esslöffel natives Olivenöl extra
1 Zwiebel, fein gehackt
4 Hühnerschlegel ohne Haut
1 l Hühnerfond (Seite 289)
1 Teelöffel feinkörniges Salz

ZUBEREITUNG

Die Karotten in ½ cm dicke Scheiben, den Kürbis in 1 cm große Würfel und die Süßkartoffel in 2 cm große Würfel schneiden.
Das Olivenöl in einem mittelgroßen Topf auf hoher Stufe erhitzen.
Die gehackten Zwiebeln hinzufügen und anbraten, bis sie glasig werden.
Die Hühnerschlegel, das Gemüse, die Brühe und das Salz dazugeben und zum Kochen bringen.
Die Temperatur reduzieren und 50 Minuten köcheln lassen.
Die Suppe kann direkt serviert oder in den Kühlschrank gestellt werden – am nächsten Tag schmeckt sie noch besser.

TIPP

Butternusskürbis ist die beste Sorte für diese Suppe. Es kann jedoch jeder weiche und leicht süße Kürbis verwendet werden.

LEVEL: KOMPLEX

FÜR 4 PERSONEN

SUPPE MIT ZACKENBARSCHKÖPFEN UND LAUCH-KREPLACH

Diese Suppe ist dank der Gelatine in den Fischköpfen sämig und sättigend und hat einen ausgezeichneten Geschmack. Die mit gehacktem Lauch gefüllten Kreplach in der mit Tomatensauce gekochten Brühe sind ausgesprochen wohlschmeckend und mit ihrer festeren Konsistenz eine gute Einlage für die Suppe. Die Kreplach sollten vorher besser abgezählt werden, damit es keinen Streit darüber gibt, wer die meisten von diesen köstlichen Teigtaschen auf seinem Teller hat.

ZUTATEN

Kreplach-Füllung
2 Lauchstangen
½ l Gemüsefond (Seite 286)
½ Teelöffel feinkörniges Salz

Kreplach-Teig
300 g weißes Mehl
180 ml kaltes Wasser
1 Teelöffel natives Olivenöl extra
½ Teelöffel feinkörniges Salz

Suppe
1 l Fischfond (Seite 286)
250 ml Tomatensauce (Seite 293)
1 Zackenbarschkopf, ungefähr 500 g
1 Karotte, geschält
1 Selleriestange, oben und unten abgeschnitten
1 Handvoll gehackte frische Petersilie zum Garnieren

ZUBEREITUNG

Die Lauchstangen in 2 cm dicke Scheiben schneiden.
Lauch, Gemüsefond und Salz in einem kleinen Topf auf hoher Stufe erhitzen. Zum Kochen bringen, dann die Temperatur reduzieren und für eine Stunde köcheln lassen, bis die Lauchstücke weich sind.
Inzwischen die Zutaten für den Teig in einer Schüssel kneten, bis ein glatter und geschmeidiger Teig entsteht. Diesen in Frischhaltefolie wickeln und für eine Stunde kühl stellen.
Während die Füllung kocht und der Teig im Kühlschrank steht, außer der Petersilie alle Zutaten für die Suppe in einen großen Topf geben und zum Kochen bringen.
Die Temperatur reduzieren und eine Stunde köcheln lassen.
Sobald die Lauchstücke weich sind, den Topf mit der Füllung abgießen und 15 Minuten abkühlen lassen.
Dann den Lauch auf einem Schneidebrett mit einem scharfen Messer so fein wie möglich hacken und zur Seite stellen.
Nachdem die Suppe eine Stunde gekocht hat, passieren und Stücke vom festen Fischfleisch zur Seite stellen.
Den Teig aus dem Kühlschrank nehmen und auf einer bemehlten Arbeitsfläche sehr dünn ausrollen. Aus dem Teig Kreise mit einem Durchmesser von 10 cm ausstechen, jeweils einen gehäuften Teelöffel des fein gehackten Lauchs in die Mitte geben, dann zu Halbkreisen falten und die Ränder zusammendrücken. Wiederholen, bis genügend Kreplach für die Suppe gefüllt sind. Die Kreplach und die Fischstücke in die Suppe geben und zum Kochen bringen. In Suppenschalen geben, mit gehackter Petersilie bestreuen und servieren.

LEVEL: EINFACH
FÜR 4 PERSONEN

SASHIMI MIT PINKER GRAPEFRUIT

Dieses Rezept ist ein Mittelding zwischen Sashimi, das Sie sicherlich kennen, und Ceviche, das Sie vielleicht schon einmal probiert haben. Die zarten Scheiben von absolut frischem Fisch und der leicht bittere Geschmack der roten Grapefruit verbinden sich wunderbar mit der Schärfe von Chili und Zwiebel. Überdies wirkt das Gericht durch das Zusammenspiel der Farben frisch und ansprechend.

ZUTATEN

400 g Filets von frischem grätenfreiem weißen Fisch
1 pinke Grapefruit, filetiert, Trennhäute und Kerne entfernt
½ Teelöffel feinkörniges Salz
2 Esslöffel frisch gepresster Zitronensaft
2 Esslöffel natives Olivenöl extra
½ Esslöffel fein geschnittene frische grüne Anaheim-Chilis, entkernt
1 Stange fein geschnittene Frühlingszwiebel

ZUBEREITUNG

Die Fischfilets mit einem scharfen Messer, am besten mit einem Sashimi-Messer, in 3 mm dünne Scheiben schneiden. Darauf achten, dass im rechten Winkel zur Maserung des Fleisches geschnitten wird. Die Fischscheiben in einem Abstand von 2 bis 3 cm auf einer Servierplatte anrichten, dazwischen die Grapefruitscheiben legen. Salz, Zitronensaft und Olivenöl über den Fisch und die Grapefruit geben. Mit Chilis und Frühlingszwiebeln garnieren und servieren.

TIPP

Rote Grapefruit verleiht diesem Gericht das gewisse Etwas, aber man kann auch die herkömmliche Sorte benutzen.

LEVEL: EINFACH
FÜR 4 PERSONEN

GEBRATENE ROTBARBEN

Gebratene oder geröstete Rotbarben mit Olivenöl, Tomaten und einem Schuss Arak vereinen die wesentlichen mediterranen Aromen. Gerichte mit Rotbarben können bis zu den freien Juden der italienischen Stadt Livorno zurückverfolgt werden, die sie mit allem Verfügbaren kombinierten, oder gar bis ins antike Rom, wo dieser delikate und leicht rosafarbene Fisch besonders geschätzt wurde.

ZUTATEN

150 g Kirschtomaten, halbiert
1 Lauchstange,
   in Ringe geschnitten
4 Knoblauchzehen,
   dünn geschnitten
4 Esslöffel natives Olivenöl extra
1 Teelöffel grobkörniges Salz
800 g frische Rotbarben,
   pro Stück ca. 100 bis 120 g
8 Stängel frischer Thymian
1 Zitrone zum Servieren

ZUBEREITUNG

Den Ofen auf 250 °C vorheizen.
Tomaten, Lauch und Knoblauch in einer flachen, ofenfesten Pfanne arrangieren.
2 Teelöffel Olivenöl über das Gemüse träufeln und mit einem ½ Teelöffel Salz würzen.
12 Minuten im Ofen garen.
Die Fischstücke auf das Gemüse legen.
Die Thymianstängel, den Rest des Öls sowie Salz darübergeben und weitere 8 Minuten garen.
Eine Zitrone über der Pfanne ausdrücken und umgehend servieren.

LEVEL: KOMPLEX

FÜR 4 PERSONEN

FISCH IN EINER SALZ-KRÄUTER-HÜLLE

In Salz oder Teig gehüllter Fisch bleibt schön saftig und ist besonders aromatisch. Das Gericht ist von einem Rezept aus Jaffa inspiriert, es heißt „Ta'ashima" und soll ein Zaubermittel bei unerfüllten Sehnsüchten sein, die so unerträglich sind, dass sie zu körperlichen Beschwerden führen. Diese Variante erfüllt vielleicht nicht alle Wünsche, dafür ist sie aber eine ausgesprochen delikate Mahlzeit.

ZUTATEN

Teig
500 g weißes Mehl
2 Zweige gehackter frischer Rosmarin
1 Handvoll gehackte frische Petersilie
1 Handvoll frische Thymianblätter
1 Stange fein gehackte Frühlingszwiebel
200 g grobkörniges Salz
3 Eier
180 ml kaltes Wasser
2 Esslöffel natives Olivenöl extra

2 Seebrassen, ausgenommen und abgeschuppt, je 700 bis 800 g
½ Zitrone, in ½ cm dicke Scheiben geschnitten
½ Teelöffel frisch gemahlener schwarzer Pfeffer

ZUBEREITUNG

Die Zutaten für den Teig in der Schüssel eines Standrührgerätes auf niedriger Stufe mit dem Knethaken kneten, bis der Teig grün und geschmeidig ist. Falls kein Standrührgerät zur Verfügung steht, kann der Teig auch von Hand geknetet werden, bis er grün und geschmeidig ist.
Den Teig in Frischhaltefolie wickeln und für eine halbe Stunde kühl stellen.
Den Ofen auf 250 °C vorheizen.
Den Teig auf einer bemehlten Arbeitsfläche in zwei gleich große Kugeln aufteilen.
Diese jeweils zu einer 4 mm dicken Teigplatte ausrollen.
Jeweils einen Fisch in die Mitte legen.
Mit einem scharfen Messer den Bauch der Fische aufschneiden und die Zitronenscheiben hineinlegen und mit dem schwarzen Pfeffer würzen.
Die Fische vollständig in Teig einhüllen und die Ränder zusammendrücken.
Die Fischpäckchen auf ein Backblech legen und 30 Minuten im Backofen garen.
Die Fischpäckchen leicht aufschneiden, sodass der Fisch zu sehen und leichter zu essen ist, und servieren.

LEVEL: MITTEL

FÜR 4 PERSONEN

BULGUR-RISOTTO MIT KREBSEN

Eine nahöstliche Interpretation des italienischen Risotto. Der leichte und luftige Bulgur ersetzt den im Vergleich dazu schweren und sämigen Reis. Der Saft des Krebsfleisches vermischt sich mit dem Fischfond und gibt dem Gericht einen intensiven Geschmack, während die Gelbwurz ihm eine herrliche Farbe und ein schönes Aroma verleiht. Dieses Rezept kann genauso gut mit Couscous oder Quinoa zubereitet und dann mit frischen Kräutern bestreut werden.

ZUTATEN

- 2 Esslöffel natives Olivenöl extra
- 2 Knoblauchzehen, zerdrückt
- 8 frische Krebse, Panzer und Schale entfernt, gesäubert
- ½ Teelöffel gemahlene Kurkuma
- ½ Teelöffel süßes Paprikapulver
- 2 Teelöffel grobkörniges Salz
- 600 ml Fischfond (Seite 286)
- 60 ml Tomatensauce (Seite 293)
- 400 g großkörniger Bulgur

ZUBEREITUNG

Das Olivenöl in einem breiten Topf erhitzen. Knoblauch hinzufügen und anbraten, bis er leicht goldbraun ist.
Die Krebse, Gelbwurz, Paprika und Salz dazugeben und gut vermengen. Den Fischfond und die Tomatensauce darübergießen, umrühren und zum Kochen bringen.
Die Hitze reduzieren und den Bulgur hinzufügen.
Auf niedriger Stufe und unter gelegentlichem Umrühren 15 bis 20 Minuten köcheln lassen, bis der Bulgur weich ist und die Flüssigkeit absorbiert hat.
In eine Schüssel geben und umgehend servieren.

LEVEL: MITTEL
FÜR 6 PERSONEN

MEERESFRÜCHTE AUS DER PFANNE

Fast jedes Mittelmeerland hat sein eigenes anishaltiges Getränk und bestimmte Gerichte, die gerne dazu gegessen werden. In Israel, in der Region, die früher zu Großsyrien gehörte, heißt das Getränk Arak. Die klassische Kombination von Anis und Meeresfrüchten ist in den einheimischen Restaurants besonders beliebt. Arak kann durch Pernod, Pastis, Ouzo oder jeden anderen anishaltigen Schnaps ersetzt werden.

ZUTATEN

2 Esslöffel natives Olivenöl extra
½ Teelöffel fein gehackte frische rote Anaheim-Chili, entkernt
2 Knoblauchzehen, zerdrückt
1 Esslöffel fein gehackte eingelegte Zitronen (Seite 294)
12 große Garnelen, mit Schwanz
6 frische Krebse, Panzer und Schale entfernt, gesäubert
300 g Calamares, gesäubert und in 2 cm dicke Ringe geschnitten
2 Esslöffel Pernod, Arak oder ein ähnlicher Schnaps
60 ml Fischfond (Seite 286)
1 Teelöffel feinkörniges Salz

ZUBEREITUNG

Das Olivenöl in einer großen Pfanne erhitzen, Chili und Knoblauch dazugeben und leicht anbraten, bis diese goldbraun sind.
Die eingelegten Zitronen hinzufügen und gut verrühren.
Die Garnelen, Krebse und Calamares dazugeben und den Pernod darübergießen.
Fischfond und Salz dazugeben und zugedeckt 5 Minuten auf hoher Stufe kochen lassen.
Die Pfanne vom Herd nehmen und vor dem Servieren 5 Minuten abkühlen lassen.

TIPP

Natürlich kann man die eingelegten Zitronen immer durch frische Zitronen ersetzen, jedoch sollte man das Gericht mindestens einmal mit den eingelegten Zitronen probiert haben. Man schmeckt den Unterschied.

LEVEL: KOMPLEX

FÜR 4 PERSONEN

GEDÄMPFTE TEIGTASCHEN MIT GARNELEN

Israel hat nicht viele Einwohner asiatischer Herkunft, aber die Israelis lieben die asiatische Küche. In den letzten Jahren haben sich viele asiatische Einflüsse in der einheimischen Küche durchgesetzt, und eine neue Generation von jungen Köchen möchte sich zunehmend auch bei einem internationalen Publikum unter Beweis stellen. Keine Angst vor den Teigtaschen, ihre Zubereitung ist gar nicht so schwer, nur ziemlich zeitaufwendig.

ZUTATEN

Teig
300 g weißes Mehl
3 Eier
½ Teelöffel feinkörniges Salz
1 Esslöffel natives Olivenöl extra

Füllung
300 g geschälte Garnelen
1 Handvoll gehackte frische Petersilie
½ gehackte Schalotte
2 Esslöffel natives Olivenöl extra
½ Teelöffel feinkörniges Salz
½ Teelöffel frisch gemahlener schwarzer Pfeffer

1½ l Fischfond (Seite 286)
Einige Tropfen Zitronensaft

ZUBEREITUNG

Die Zutaten für den Teig in die Schüssel eines Standrührgerätes geben und mit dem Knethaken kneten, bis sich eine Teigkugel formt.
Falls kein Standrührgerät zur Verfügung steht, kann der Teig auch von Hand geknetet werden, bis er sich zu einer Kugel formt.
Die Teigkugel in Frischhaltefolie wickeln und 40 Minuten lang kühl stellen.
Inzwischen die Garnelen mit einem schweren Messer hacken und mit dem Rest der Zutaten für die Füllung in eine Schüssel geben und gut vermengen, bis eine gleichmäßige Masse entsteht.
Die Masse zum Abkühlen in den Kühlschrank stellen.
Den Teig auf einer bemehlten Arbeitsfläche sehr dünn ausrollen. Falls Sie eine Nudelmaschine benutzen, diese auf Stufe 6 einstellen.
Aus dem Teig Kreise mit einem Durchmesser von 10 cm ausstechen, jeweils einen Esslöffel der Füllung in die Mitte geben, die Ränder nach oben ziehen und zusammendrücken, sodass eine Blumenform entsteht.
Den Fischfond in einem Topf zum Kochen bringen. Einen Dämpfeinsatz auf den Topf setzen und die Teigtaschen hineinsetzen. Zudecken und 7 bis 8 Minuten dämpfen. Den Dämpfeinsatz auf eine große Platte stellen, einige Tropfen Zitronensaft darüberträufeln und servieren.

TIPP

Falls keine runde Ausstechform zur Hand ist, kann genauso gut ein umgestülptes Glas zum Ausstechen des Teiges benutzt werden.
Der Dämpfeinsatz kann durch ein Sieb mit flachem Boden ersetzt werden.

LEVEL: MITTEL

FÜR 8 PERSONEN

LANGSAM GEGARTES RINDER-BRISKET

Dies ist eine lokale Variante des bekannten aschkenasischen Rinderbrust-Gerichts. Juden erinnern sich gerne daran, wie dieses Gericht am Sabbat zum Abendessen oder an jüdischen Feiertagen serviert wurde, die Reste wurden häufig einfach zwischen zwei Scheiben Brot gegessen. Die auf diese Weise zubereitete Rinderbrust findet in vielen Formen von Barbecues sowie im beliebten New Yorker Pastrami Verwendung und genießt weltweit, vor allem aber dort, wo Juden leben, große Popularität.

ZUTATEN

2 kg Rinderbrust, aus dem Brustkern
60 ml Granatapfelkonzentrat
1 Esslöffel grobkörniges Salz
3 Esslöffel frisch gemahlener schwarzer Pfeffer
100 ml feinkörniger Senf

ZUBEREITUNG

Den Ofen auf 140 °C vorheizen.
Das Rinder-Brisket von allen Seiten mit Granatapfelkonzentrat bestreichen und mit Salz und Pfeffer würzen. Das Fleisch in eine schwere, ofenfeste Kasserolle oder einen gusseisernen Topf legen und 8 Stunden garen. Zugedeckt eine Stunde abkühlen lassen.
Das Brisket vorsichtig herausnehmen und mit einem gezackten Messer auf einem Schneidebrett in 1 cm dicke Scheiben schneiden.
Mit feinkörnigem Senf servieren.

LEVEL: MITTEL

FÜR 4 PERSONEN

LAMM-SPARERIBS MIT ORANGEN-MARINADE

Lamm und Zitronen sind eine vertraute Kombination, bei diesem Rezept werden die Zitronen jedoch durch Orangen ersetzt und das Ergebnis ist außerordentlich delikat. Die beiden Zutaten beflügeln sich gegenseitig mit ihren Aromen, die Orangen werden durch das Braten schön weich und nehmen den Saft des Lammfleischs auf, während das Lamm durch den Orangensaft eine süße und leicht säuerliche Kruste erhält.

ZUTATEN

Marinade
Saft von 1 Orange
1 Esslöffel Orangenschale
3 Knoblauchzehen, zerdrückt
1 Handvoll Thymianblätter
1 Esslöffel natives Olivenöl extra
1 Esslöffel Honig
1 Teelöffel grobkörniges Salz
1 Teelöffel frisch gemahlener schwarzer Pfeffer
½ Teelöffel fein gehackte frische grüne Chilischote (Anaheim-Chili), entkernt

1 kg Lamm-Spareribs, einzeln

ZUBEREITUNG

Den Ofen auf 200 °C vorheizen.
Alle Zutaten für die Marinade in einer Schüssel gut vermengen.
Die Spareribs in ein tiefes Bratblech legen.
Die Marinade über das Fleisch geben und dieses mit einer doppelten Schicht Alufolie bedecken.
Eine Stunde braten.
Die Alufolie entfernen und ohne Abdeckung weitere 15 bis 20 Minuten braten, bis die Spareribs goldbraun sind.
Heiß servieren.

LEVEL: MITTEL

FÜR 6 PERSONEN

GEBRATENE LAMMSCHULTER

In vielen Kulturen ist die gebratene Lammschulter ein Festtagsessen, hier wird sie auf wunderbar einfache Weise mit mediterranen Kräutern kombiniert. Aschkenasim aus ganz Europa bereiten sie gerne als Roulade zu, dadurch bleibt das Fleisch sehr saftig und die Aromen werden intensiviert. Überdies ist die gerollte Lammschulter einfach schön anzusehen, wenn sie heiß und in Scheiben geschnitten auf den Tisch kommt.

ZUTATEN

- 1 entbeinte Lammschulter, 1,6 bis 1,8 kg
- 1 Handvoll gehackte frische Minzblätter
- 1 Stängel gehackter Rosmarin
- 3 Knoblauchzehen, zerdrückt
- 2 Esslöffel natives Olivenöl extra, zusätzlich etwas zum Braten
- ½ Teelöffel grobkörniges Salz, zusätzlich etwas zum Braten
- 1 Teelöffel frisch gemahlener schwarzer Pfeffer, zusätzlich etwas zum Braten
- ½ Teelöffel Zitronenschale
- 2 Stängel Rosmarin

ZUBEREITUNG

Den Ofen auf 250 °C vorheizen.
Die Lammschulter mit der fetten Seite nach oben auf ein Schneidebrett legen.
Minze, Rosmarin, Knoblauch, Olivenöl, Salz und Pfeffer sowie die Zitronenschale in das Fleisch reiben.
Das Fleisch zu einer Roulade einrollen und mit Küchengarn zubinden.
Die Rosmarinstängel unter das Garn stecken.
Die Roulade mit einem Esslöffel Olivenöl bestreichen und auf allen Seiten mit Salz und Pfeffer würzen.
10 Minuten braten, dann die Temperatur auf 200 °C reduzieren und weitere 20 Minuten braten.
Die Roulade aus dem Ofen nehmen, mit Alufolie einwickeln und 20 Minuten abkühlen lassen. Auf einem Schneidebrett die Folie und das Küchengarn abnehmen und die Lammschulter in 3 bis 4 mm dicke Scheiben schneiden und heiß servieren.

LEVEL: MITTEL

ERGIBT 1 KUCHEN

KUCHEN MIT TROCKENFRÜCHTEN

Für Menschen, die in trockenen Regionen leben, wo der Obstanbau schwierig ist und es zudem keine Kühlmöglichkeiten gibt, sind Trockenfrüchte traditionell ein wichtiger Bestandteil der Ernährung. Heutzutage hat eigentlich jede westliche Kultur ihren eigenen Früchtekuchen. Die Mandeln, Pistazien, Datteln und Feigen dieser Variante machen ihn unwiderstehlich, er ist eine ausgezeichnete Beigabe zum Kaffee.

ZUTATEN

4 Eier
170 g Zucker
200 g Butter, geschmolzen
200 g gemahlene Mandeln
150 g Medjool-Datteln, grob gehackt
150 g getrocknete Feigen, in ½ cm breite Streifen geschnitten
100 g ganze Pistazien, geschält
5 Tropfen Mandelessenz

ZUBEREITUNG

Den Ofen auf 170 °C vorheizen.
Eier und Zucker in der Schüssel eines Standrührgerätes schlagen, bis die Masse hell und schaumig ist. Ersatzweise können Eier und Zucker auch in eine Schüssel mit einem hohen Rand gegeben und mit einem Handrührgerät geschlagen werden.
Während die Masse geschlagen wird, langsam die geschmolzene Butter in die Schüssel gießen, bis diese völlig aufgenommen ist.
Die gemahlenen Mandeln langsam unter die Maße geben.
Datteln, Feigen, Pistazien und Mandelessenz hinzufügen und mit einem Teigspatel unter die Masse heben.
Den Teig in eine geölte Kuchenform gießen und die Oberfläche mit dem Teigspatel glatt streichen.
Die Kuchenform in den Ofen stellen und 50 Minuten backen, bis der Kuchen eine dunkelbraune Farbe angenommen hat.
Vor dem Servieren abkühlen lassen.
Der Kuchen kann bis zu 3 Tage in einem luftdichten Behälter aufbewahrt werden.

TIPP

Der Kuchen kann in einer runden Form mit 26 cm Durchmesser gebacken werden oder in einer Springform. Bei Verwendung einer Springform kann man einen Bogen Backpapier auf den Boden der Form legen, den Ring darüberlegen und einspannen.

LEVEL: MITTEL

ERGIBT 1 KUCHEN

PISTAZIENKUCHEN

Dieser für den Nahen Osten traditionelle Kuchen ist herrlich saftig und vielseitig. Seine Zubereitung ist einfach, aber er ist so hübsch, dass er auch hervorragend zum Ende eines Festessens serviert werden kann. Er verbindet das nussige Aroma der Pistazien mit der spritzigen Frische der Zitronenglasur. Der Kuchen kann genauso gut mit Rosenwasser beträufelt oder mit kandierten Orangen in Sirup belegt werden.

ZUTATEN

5 mittelgroße Eier
120 g Zucker
200 g Butter, geschmolzen
50 g weißes Mehl
½ Teelöffel Backpulver
200 g gemahlene Pistazien
½ Teelöffel Zitronenschale
4 Tropfen Mandelessenz

Glasur
100 g Puderzucker
1 Esslöffel frisch gepresster Zitronensaft

ZUBEREITUNG

Den Ofen auf 170 °C vorheizen.
Eine Backform (26 cm Durchmesser) mit einem runden Backpapierausschnitt auslegen.
In einem Standrührgerät die Eier auf hoher Stufe schlagen, bis sie schaumig sind. Ersatzweise können die Eier in einer hohen Schüssel mit einem Handrührgerät geschlagen werden.
Weiter schlagen und dabei nach und nach den Zucker hinzugeben, bis dieser vollständig aufgenommen ist.
Nach und nach die geschmolzene Butter dazugießen.
Das Rührgerät auf niedrige Stufe stellen und Mehl, Backpulver, Pistazien, Zitronenschale und Mandelessenz hinzufügen.
Die Masse in die Kuchenform geben und 35 Minuten backen.
Den Kuchen aus dem Ofen nehmen, mit einem sauberen Küchenhandtuch abdecken und 40 Minuten abkühlen lassen.
Auf eine Servierplatte stülpen und das Backpapier abziehen.
Puderzucker und Zitronensaft in einer kleinen Schüssel verrühren, bis die Masse weiß, glatt und geschmeidig ist. Über den Kuchen gießen und abkühlen lassen.
Der Kuchen kann direkt serviert werden oder in einem luftdichten Behälter bis zu 3 Tage aufbewahrt werden.

TIPP

Der Kuchen kann in einer runden Form mit 26 cm Durchmesser gebacken werden oder in einer Springform. Bei Verwendung einer Springform kann man ein Bogen Backpapier auf den Boden der Form legen, den Ring darüberlegen und einspannen.

LEVEL: KOMPLEX

ERGIBT 12 STÜCK

HALVASCHNECKEN MIT SCHOKOLADE

Das arabische Wort „Halawa" bezeichnet verschiedene Süßspeisen. Im Hebräischen beschreibt es eine Süßigkeit aus gemahlenem Sesam (Tahin) und Zuckersirup (der oft den ursprünglich verwendeten Honig ersetzt). Halva kann einfach so gegessen oder Gebäck und Desserts, von Kuchen und Keksen bis zu Eiscreme und Mousse, hinzugefügt werden. Die Kombination von Halva mit Schokolade ist eine neue Erfindung und in Israel sehr beliebt.

ZUTATEN

Teig
300 g weißes Mehl
200 g Butter
60 g Puderzucker
½ Teelöffel Salz
1 Ei
½ Teelöffel Backpulver

Füllung
200 g dunkle Schokolade
60 g Butter
150 g Halva, zerkrümelt
(Seite 296)

ZUBEREITUNG

Die Teigzutaten in einer Küchenmaschine zu einer gleichmäßigen Teigkugel verarbeiten. Ersatzweise kann die Butter in kleine Teile geschnitten werden und zusammen mit den restlichen Teigzutaten von Hand zu einer Kugel geformt werden. Den Teig in Frischhaltefolie wickeln und 30 Minuten kühl stellen. Inzwischen Schokolade und Butter unter Rühren im Wasserbad erhitzen, bis die Masse glatt und geschmeidig ist.
Vom Herd nehmen und auf Zimmertemperatur abkühlen lassen.
Sobald sie abgekühlt ist, 5 Minuten in das Tiefkühlfach stellen.
Den Ofen auf 180 °C vorheizen.
Den Teig auf einer bemehlten Arbeitsfläche zu einem Rechteck (50 × 30 cm) ausrollen.
Die Schokoladenmasse auf den Teig streichen und die Halva darüberstreuen.
Ein Backblech mit Backpapier auslegen.
Den Teig einrollen und gut zusammendrücken.
Die Teigrolle in 12 Scheiben mit gleicher Dicke schneiden und diese auf das Backblech legen. Jede Scheibe sollte wie bei einer Zimtschnecke eine schöne Spirale aus Teig und Füllung zeigen.
20 Minuten backen, bis die Schnecken goldbraun sind.
Vor dem Servieren 20 Minuten abkühlen lassen.

TIPP

Für ein improvisiertes Wasserbad kann man einfach einen hitzebeständigen Topf auf einen größeren Topf mit kochendem Wasser setzen.

LEVEL: EINFACH

FÜR 4 PERSONEN

REISPUDDING

Reispudding ist eine jüdische Spezialität aus der Türkei und vom Balkan und auf der ganzen Welt ein beliebtes Dessert. Die milde, milchige Süße des Reis passt besonders gut zu selbst gemachter Quitten- oder Aprikosenmarmelade. Reispudding kann wie Haferbrei auch als süßes Frühstück serviert und mit Nüssen oder Saaten bestreut werden.

ZUTATEN

1 l Vollmilch
2 Esslöffel Zucker
1 Teelöffel Zimt
½ Teelöffel Orangenschale
120 g Reismehl
2 Esslöffel Butter

ZUBEREITUNG

Milch, Zucker, Zimt und Orangenschale in einem kleinen Topf zum Kochen bringen.
Die Temperatur reduzieren und nach und nach unter Rühren das Reismehl hinzugeben.
Auf niedriger Stufe und unter ständigem Rühren 10 Minuten leicht kochen lassen.
Die Butter hinzufügen, gut verrühren und vom Herd nehmen.
Zudecken und 10 Minuten ziehen lassen.
Nochmals gut umrühren und servieren.

ÜBER DIE REGION

JERUSALEM

Jerusalem hat offenkundig für viele Menschen eine jeweils andere Bedeutung. Die Stadt blickt mit ihren alten Mauern nicht nur auf eine Jahrtausende währende Geschichte zurück, sondern ist auch ein Sammelbecken der unterschiedlichsten Esskulturen. Bagels und Challa, Hummus und Schawarma, Kubbeh und Kugel – jeder reklamiert sie für sich, und doch gehören sie allen, genauso wie Jerusalem allen gehört.

AM MITTELPUNKT DER WELT

Jerusalem liegt auf der Grenzlinie zwischen Israel und dem Westjordanland und seine Grenzen sind im Verlauf des 20. Jahrhunderts mehrfach neu gezogen worden. Aber schon immer war es ein Ort der Annäherung und der Auseinandersetzung zwischen den drei großen Religionen – dem Judentum, dem Islam und dem Christentum. Auch seine Esskultur scheint aus allen Ecken der Welt zu kommen, die Produkte selbst stammen jedoch häufig von Kleinbauern, Erzeugern und Schächtern, die in unmittelbarer Nähe zur Stadt wohnen und an den Markttagen mit ihren Waren nach Jerusalem fahren.

Jerusalem ist ein Schmelztiegel und bringt eine Küche mit unverwechselbarer regionaler Prägung hervor.

Oben: **Jerusalems Bäcker sind entweder treue Anhänger uralter Backmethoden oder wie der Bäcker Russell Sacks stolze Vertreter einer neuen Garde.** Unten: **Nasser Abu Senana bei der Herstellung von Bagels in der familieneigenen Bäckerei in Ost-Jerusalem.**

Seit Jahrtausenden hat Jerusalem für viele Millionen Menschen eine enorme Bedeutung. Man muss also annehmen, dass die Enttäuschung in gewisser Weise vorprogrammiert ist, wenn man dann tatsächlich diesen Ort bereist. Doch scheint Jerusalem nicht nur alle Erwartungen zu erfüllen, sondern sie sogar noch zu übertreffen. Und dann wäre da noch das Phänomen Jerusalem-Syndrom. Es bezeichnet den psychischen Zustand von Besuchern, die der alten Stadt völlig verfallen und dabei sogar Wahnvorstellungen entwickeln und sich selbst für eine heilige Person wie den Messias halten oder sich in die biblische Zeit zurückversetzt glauben. Jerusalem ist als heilige Pilgerstätte für die drei großen Weltreligionen und als Ort, an dem sich uralte und moderne Geschichte und Kultur begegnen, nicht nur eine Stadt, sondern ein Erlebnis. Jerusalem inspirierte Frieden, Verzicht und Andacht, stiftete Kriege und verursachte Wahnsinn. Wenn man zwischen den hellen Kalksteinmauern

Reihen von luftig weichem Pitabrot, das für ein Schawarma mit Falafel, Gemüse, Hummus oder Lammfleisch gefüllt wird (Seite 202).

Jerusalem ist als heilige Pilgerstätte für die drei großen Weltreligionen und als Ort, an dem sich uralte und moderne Geschichte und Kultur begegnen, nicht nur eine Stadt, sondern ein Erlebnis.

Machneyuda ist ein modernes Marktrestaurant mit einer Speisekarte, die vor allem auf frischen Produkten des nahe gelegenen Mahaneh-Yehuda-Marktes beruht.

Beinahe jede Kultur des Nahen Ostens reklamiert die Erfindung des Hummus für sich. Ob reich oder arm, jüdisch oder muslimisch – alle essen sie ihr Pitabrot mit Hummus und streiten sich darüber, wer ihn am besten macht.

Auf dem Markt wird nicht nur eingekauft, sondern auch gegessen. Ein Metzger schärft sein Messer (links), um damit Fleisch für Spieße (unten) zu zerteilen.

der Stadt, in den labyrinthischen Gassen und auf den Suks (den Märkten), umherstreift, die goldene Kuppel des Felsendoms im Hintergrund, versteht man sofort, warum das so ist. Historiker in Jerusalem behaupten gerne, dass die Geschichte der Stadt die Geschichte der Welt sei. Angesichts all der Jahre menschlichen Strebens an diesem Ort verwundert es also kaum, dass man sich mitunter überwältigt fühlt.

Natürlich mussten die vielen Millionen Besucher der Stadt hier im Verlauf der Jahrtausende auch essen. Die Reisenden, die die Heilige Stadt besuchten, brachten nicht nur ihre Sprachen und Kulturen mit, sondern auch ihre kulinarischen Traditionen. Armeeführer und ihre Truppen, Händler und Verwalter, die Jerusalem in seinen glorreichen Zeiten durchreisten, Missionare und Pilger, die der Stadt die Treue hielten und auch in Zeiten ihres Niedergangs immer wieder zurückkehrten, haben alle ihre Spuren in der kulinarischen Landschaft dieses Ortes hinterlassen. Auch heute noch existieren die verschiedenen Elemente des kulinarischen Mosaiks Seite an Seite. Jerusalem ist ein

In kleinen, günstigen Speiselokalen wie diesem kurdischen Restaurant auf dem Mahaneh-Yehuda-Markt werden traditionelle Gerichte in großen Töpfen auf Petroleumkochern zubereitet.

Jerusalems kleine einladende Imbisslokale, wie zum Beispiel Machneyuda in der unmittelbaren Nähe zum Mahane-Yehuda-Markt, haben häufig eher die Atmosphäre eines gemütlichen Wohnzimmers denn eines professionellen Restaurants.

WAS IST KOSCHER?

Es gibt ein paar allgemein bekannte Regeln für koscheres Essen – kein Schwein, keine Meeresfrüchte, und Fleisch und Milchprodukte müssen getrennt gehalten werden. Die jüdischen Speisegesetze sind aber natürlich wesentlich komplexer, als es scheint. Tiere dürfen nur in Übereinstimmung mit bestimmten Regeln und Ritualen und von einem bestimmten Rabbi geschächtet werden (ähnliche Regeln gibt es in der muslimischen Praxis des Schächtens, die als „halal" bezeichnet wird). Alle koscheren Lebensmittel müssen als solche von einem Rabbi oder einer Organisation von Rabbis zertifiziert werden. Außerdem darf am Sabbat nicht gearbeitet werden, daher kommt auch das Gericht Hamin (siehe Makkaroni-Hamin, Seite 210). Es kann freitags vor dem Sonnenuntergang vorbereitet werden und bleibt die ganze Nacht im Backofen, sodass es am Samstag gegessen werden kann.

Schmelztiegel und bringt eine Küche mit unverwechselbarer regionaler Prägung hervor. Wie viele israelische Gerichte haben auch die echten Jerusalemer Spezialitäten eine lange Geschichte und viele Vorgänger jenseits der Grenzen. Dazu gehören Speisen wie Hummus – er wird aus zerstoßenen Kichererbsen mit Tahin hergestellt –, den fast jede nahöstliche Kultur für sich reklamiert.

Ob reich oder arm, jüdisch oder muslimisch – alle essen sie ihr Pitabrot mit Hummus und streiten sich darüber, wer ihn am besten macht. Auf den Märkten in Jerusalem treffen Alt und Neu aufeinander, denn Einheimische unterschiedlichster Herkunft kommen hier zusammen, um sich dem wichtigsten Aspekt des Alltagslebens zu widmen: dem Essen. Der Markt in der Altstadt ist einer der Mittelpunkte von Ost-Jerusalem. Seine Entstehung geht auf die römisch-byzantinische Periode vor 2000 Jahren zurück. Zur Zeit der Kreuzzüge bezeichneten die Pilger ihn als „Markt der üblen Gerüche", wobei die Essensgerüche, auf die sie damit anspielten, wahrscheinlich nicht wirklich schlecht, sondern einfach nur fremd und ungewohnt für sie waren. Der heutige Markt wurde während der osmanischen Herrschaft errichtet und dem Großen Basar in Istanbul nachempfunden. Seine Gassen sind gerade so breit, dass Esel hindurchgehen können. Hier findet man die Baladi, die lokalen Früchte- und Gemüsesorten sowie Tahin und Halva, welche in unzähligen kleinen Ölpressen in Nablus, der Tahin-Hauptstadt der Region, hergestellt werden, sowie frischen Kaffee aus familiengeführten Röstereien. In der Gasse der Metzger wird Lammfleisch angeboten, in den Gewürzläden sieht man aufgetürmte Gewürzmischungen wie Zatar und in den einfachen Speiselokalen werden Hummus, über Holzkohle gegrillte Kebab-Spieße und traditionelle Gerichte wie Köfte (Fleischbällchen) und Maqluba (ein gestürzter Auflauf aus Reis und Fleisch) serviert.

Im Gegensatz dazu wurde der Mahane-Yehuda-Markt, ein Markt unter freiem Himmel, im späten 19. Jahrhundert außerhalb der Mauern der Altstadt von West-Jerusalem erbaut. Die kleinen Gassen sind von Obst- und Gemüseständen gesäumt, Feinkostläden verkaufen einheimischen Käse, eingelegten Fisch und Scheiben der Jerusalem-Kugel, eines Gerichts der Aschkenasim aus

Diese Seite: Challa, eine der grundlegenden Komponenten der jüdischen Küche, in der Bäckerei Landner in Jerusalems ultraorthodoxem Viertel Beit Israel. Gegenüberliegende Seite: In einer Tahinfabrik in Ost-Jerusalem wird Sesam geröstet.

In den jahrhundertealten Bäckereien liegen die Challa in den Regalen, Hefeteigzöpfe, die am Sabbat und an jüdischen Feiertagen gegessen werden.

karamellisierten Nudeln, welches traditionell in der Nacht vor dem Sabbat gebacken wird. In den jahrhundertealten Bäckereien liegen die Challa in den Regalen, Hefeteigzöpfe, die am Sabbat und an jüdischen Feiertagen gegessen werden, während nebenan junge Bäcker in Trend-Läden Focaccia-Brote und französische Backwaren für das Frühstück anbieten.

In der Nähe gibt es kleine Imbisse, die sich auf das Grillen von Innereien spezialisiert haben, sowie jüdisch-kurdische Lokale, in denen traditionelle Gerichte auf Petroleumöfen vor sich hin köcheln. Auf fast jeder Speisekarte findet sich etwas Gefülltes: gefüllte Früchte oder Gemüse, gefülltes Gebäck wie Baklava, gefüllter Lammhals oder die gefüllten Grießteigtaschen, die als Kubbeh bezeichnet werden. In den Küchen von Muslimen, Christen oder Juden entstehen unzählige Varianten gefüllter Speisen – eine beliebte, aber arbeitsintensive Form des Kochens, die eigentlich Festtagen vorbehalten war, mittlerweile aber weitverbreitet ist.

Der Jerusalem-Bagel („Ka'ak" im Arabischen) erfreut sich unabhängig von Glaubensrichtung oder Gesellschaftsschicht ebenso bei fast allen Bewohnern der Stadt größter Beliebtheit. Der längliche, mit gerösteten Sesamsamen bestreute Teigring wird in traditionellen Holzöfen der familiengeführten Bäckereien im muslimischen Viertel der Altstadt hergestellt. Der Sauerrahm, eine von den Juden inspirierte Ergänzung, macht ihn nunmehr zum festen Bestandteil des beliebtesten Frühstücks in Ost-Jerusalem, bestehend aus einem Bagel mit Zatar, Falafel und einem hartgekochten Ei. Obwohl der sesambestreute Ring aus Jerusalem nur flüchtige Ähnlichkeit mit dem modernen Bagel aufweist, hat er doch zu einem Phänomen des modernen Lebens beigetragen: der beinahe weltumspannenden Lust auf Bagels.

DER BAGEL

Die hitzige Debatte darüber, woher dieses weltweit beliebte Gebäck stammt, ist noch nicht zu Ende geführt. Kommt es aus dem alten Rom oder aus dem alten Ägypten? Hat der Bagel etwa Wurzeln in Osteuropa oder im Nahen Osten? Vielleicht hat alles in Polen begonnen und jiddischsprachige Juden haben den „Bejgel" mit in die Neue Welt gebracht. Heutzutage wird er jedenfalls vor allem mit New York assoziiert, man sagt, dass ihm das dortige Wasser die klassische Dichte und etwas zähe Konsistenz und die glänzende Kruste verleihe. Montreal und London nehmen ihre eigenen Bagelsorten für sich in Anspruch, und in diesem Kapitel erfahren Sie, wie man den länglichen Jerusalem-Bagel mit Sesamkruste herstellt.

Unterdessen leistet die Natur außerhalb der Stadtmauern ihren Beitrag zu den Aromen des alten Jerusalems. In Mauerspalten wachsen wilde Kapernbüsche und auf den die Stadt umgebenden Hügeln gedeihen Wildkräuter, die bereits in biblischen Zeiten gegessen wurden. Diese Kräuter waren einst eine wichtige Nahrungsgrundlage für Menschen, die nicht ihr eigenes Gemüse anbauen konnten. Auch heute noch gehen arabische und jüdische Frauen auf die Felder und sammeln Portulak, Nesseln, Wurmlattich, Malven und Jerusalem-Salbei. Die einheimischen Kräuter werden auf den Märkten in beiden Teilen der Stadt verkauft. Im Laufe der Jahre haben sie ihren Weg von den Küchen der Einheimischen in die Spitzenrestaurants gefunden, deren Chefköche auf diese Weise der Vergangenheit dieser Stadt huldigen.

Die Geschichte von Jerusalem ist natürlich noch lange nicht zu Ende. Es gibt zwar keine Grenze mehr, die direkt durch das Zentrum Jerusalems führt, allerdings erzeugt die bittere politische Realität in den beiden Hälften der umkämpften Stadt eine ungreifbare Kluft, die Tag für Tag den Konflikt der gesamten Region spürbar werden lässt. Im 20. Jahrhundert wurden die Grenzen Jerusalems durch zwei Kriege – den Palästina-Krieg beziehungsweise den arabisch-israelischen Krieg (1947–1949) und den Sechstagekrieg von 1967 – neu gezogen und bestimmten jeweils aufs Neue, wer wo wohnen durfte, wer in welcher Hälfte der Stadt arbeiten durfte und wem Jerusalem tatsächlich gehören sollte. Die Antwort lautet natürlich: keinem und jedem. Jerusalem, diese schöne und doch so überaus komplizierte, verletzliche und doch ewige Stadt, die solch gewaltige Bilder in jenen heraufzubeschwören vermag, die sie bewundern oder erobern möchten, ist wahrhaftig ein der Zeit enthobener Ort. Zumindest einmal im Leben sollte man diese Stadt sehen und ihre Küche schmecken.

Gegenüberliegende Seite: **Abu Hassan el Baghdadi** bereitet Kräuter und Gemüse in seinem Restaurant Sultani in Ost-Jerusalem vor. Es soll eines der besten Restaurants der Stadt für Hummus und Kebab sein. Diese Seite: Die Öfen in der Challa-Bäckerei von **Mati Landner**, die seit drei Generationen in Familienbesitz ist, wurden im 19. Jahrhundert von einem Eisenschmied gebaut.

REZEPTE
JERUSALEM

DER TRADITION VERBUNDEN

174	SALAT MIT GERÖSTETEM BLUMENKOHL UND KICHERERBSEN
176	SALAT MIT BABY-ZUCCHINI UND LABANEH
178	KRÄUTEROMELETT
180	SUPPE AUS JERUSALEM-ARTISCHOCKEN (TOPINAMBUR)
182	SUPPE MIT MANGOLD UND FLEISCHBÄLLCHEN
184	OKRA IN TOMATENSAUCE
186	GERÖSTETE KAROTTEN MIT GRANATAPFEL-ZITRUS-SAUCE
188	JERUSALEM-BAGELS
190	BAGELS AUS SAUERTEIG
192	CHALLA-BROT
194	GEFÜLLTE SEPHARDISCHE TEIGTASCHEN
196	JERUSALEM-KUGEL
198	HUHN-SOFRITO AUS JERUSALEM
200	LAMMFRIKADELLEN MIT FENCHEL
202	LAMM-SCHAWARMA MIT TAHIN
204	MIT REIS UND LAMM GEFÜLLTER EICHELKÜRBIS
206	MIT REIS UND FLEISCH GEFÜLLTE ZWIEBELN
208	LAMM-KASSEROLLE MIT ZITRONE, ROSMARIN UND KNOBLAUCH
210	MAKKARONI-HAMIN
212	MALABI-PUDDING MIT ROSENWASSER UND SIRUP AUS WILDBEEREN
214	MANDELRÜHRKUCHEN
216	MARZIPANKEKSE
218	ORANGEN-GRIESSKUCHEN
220	ORANGEN-MOHN-STRUDEL

Für Rezepte aus Jerusalem werden oft verschiedene Wurzelgemüse, Lamm und Tomatensaucen verwendet. Die Gerichte erfordern mitunter lange Brat- oder Backzeiten, dafür ist das Resultat hinsichtlich Konsistenz und Geschmack außergewöhnlich gut. Feste Gemüsesorten werden gerne mit aromatischem Fleisch und Körnern gefüllt, die Wildkräuter von den Bergen außerhalb der Stadt runden Eintöpfe, Suppen oder einfache Omeletts ab.

Masabeha ist eine Hummusvariante aus ganzen Kichererbsen, die mit nach Zitronen schmeckendem Tahin vermischt und großzügig mit Paprika garniert wird.

LEVEL: MITTEL
FÜR 4 PERSONEN

SALAT MIT GERÖSTETEM BLUMENKOHL UND KICHERERBSEN

Blumenkohl gehört zu jenen Zutaten, die durch Hitze eine wunderbare Verwandlung erfahren. Roh ist er nichts Besonderes, sobald er jedoch im Backofen geröstet wird, erhält er diesen herrlichen, leicht süßen und absolut unwiderstehlichen Geschmack, und die Blumenkohlröschen werden knusprig. Gebratener oder gerösteter Blumenkohl mit Tahin ist in der palästinensischen Küche sehr verbreitet. Hier wird er durch gekochte Kichererbsen ergänzt, die das Gericht mit ihrem erdigen Aroma und der weichen Konsistenz abrunden.

ZUTATEN

120 g getrocknete Kichererbsen
1 Teelöffel Backnatron
2 Teelöffel grobkörniges Salz
2 kleine Blumenkohlköpfe
4 Esslöffel natives Olivenöl extra, zusätzlich etwas zum Servieren
¼ Teelöffel feinkörniges Salz
80 ml rohe Tahinpaste
120 ml kaltes Wasser
Saft von ½ Zitrone

ZUBEREITUNG

Am Tag zuvor:
Die gut gewaschenen Kichererbsen in eine Schüssel geben, mit Wasser bedecken und das Backnatron hinzufügen. Über Nacht einweichen lassen.

Am nächsten Tag:
Die Kichererbsen abgießen, in einen Topf geben und mit Wasser bedecken. Auf hoher Stufe zum Kochen bringen, dann die Temperatur reduzieren und 1½ Stunden köcheln lassen, bis die Kichererbsen sehr weich sind. Zur Seite stellen.
Einen weiteren Topf mit Wasser füllen, das grobkörnige Salz hinzufügen und zum Kochen bringen. Die Blumenkohlköpfe hineinlegen und auf hoher Stufe 8 Minuten kochen.
Den Ofen auf 250 °C vorheizen.
Ein Bratblech mit Backpapier auslegen. Die Blumenkohlköpfe mit einem Sieblöffel aus dem Wasser heben und auf das vorbereitete Blech setzen. Das Olivenöl darübergießen und mit dem feinkörnigen Salz bestreuen.
25 Minuten rösten, bis der Blumenkohl teilweise goldbraun ist.
Die rohe Tahinpaste, Wasser, Zitronensaft und feinkörniges Salz in einer kleinen Schüssel glatt rühren.
Den Blumenkohl aus dem Ofen nehmen, in 2 cm dicke Scheiben schneiden und in eine Schüssel legen.
Die abgegossenen Kichererbsen, die gerösteten Blumenkohlscheiben und die Hälfte der Tahin-Sauce vorsichtig vermischen und in einer Servierschüssel arrangieren. Den Rest der Tahin-Sauce sowie einen Esslöffel Olivenöl darübergießen und servieren.

LEVEL: EINFACH

FÜR 6 PERSONEN

SALAT MIT BABY-ZUCCHINI UND LABANEH

Dieses Rezept besticht durch seine Einfachheit und durch den Geschmack der feinen Zutaten. Die Baby-Zucchini mit ihrem hübschen Aussehen und köstlichen Aroma werden als Ganzes gekocht und dann mit in Olivenöl eingelegten Labaneh-Kugeln serviert. Diese unkomplizierte Vorspeise passt gut zu einer Mezze-Auswahl mit anderen Salaten oder Gemüsegerichten. Eine unverzichtbare Beilage ist ein gutes Stück Brot, um es am Ende in das Öl zu tunken.

ZUTATEN

- 2 Esslöffel grobkörniges Meersalz
- 12 ganze Baby-Zucchini
- 4 Esslöffel Olivenöl
- ¼ Teelöffel feinkörniges Salz
- 10 Labaneh-Kugeln, in Olivenöl eingelegt (Seite 42)

ZUBEREITUNG

Einen mittleren Topf mit 1½ l Wasser füllen, Salz hinzufügen und zum Kochen bringen und dann die Temperatur reduzieren.
Die Zucchini ins Wasser geben und einen Bogen Backpapier auf das Wasser legen, sodass die Zucchini nicht an die Oberfläche schwimmen (das ist nicht unbedingt notwendig, aber die Zucchini werden dadurch besonders knackig).
35 Minuten kochen, bis die Zucchini durchgegart, aber immer noch fest sind.
Vorsichtig mit einem Sieblöffel herausnehmen und auf einer Platte 15 Minuten abkühlen lassen.
Die Zucchini im Olivenöl wenden, feinkörniges Salz daraufstreuen und es leicht in die Schale einmassieren, bis diese etwas aufbricht.
Die Zucchini in einer Servierschüssel anrichten und die Labaneh-Kugeln dazwischengeben, mit Olivenöl beträufeln und servieren.

LEVEL: EINFACH

FÜR 2 PERSONEN

KRÄUTEROMELETT

Jede Esskultur hat eine eigene Form des Omeletts, bei diesem Rezept werden frische Kräuter hinzugefügt. Die Kräuter stammen von einem Markt in Jerusalem oder werden außerhalb der Stadtmauern gepflückt, wo sie wild wachsen. Das mit Tahin und frischen Tomatenscheiben servierte Kräuteromelett ist in Jerusalem ein beliebtes Frühstück. Wenn es in Pitabrot oder weiches Weißbrot eingelegt wird, kann man es auch wunderbar unterwegs essen.

ZUTATEN

- 150 g Spinatblätter, gewaschen und in dünne Streifen geschnitten
- 150 g Mangold, gewaschen und in dünne Streifen geschnitten
- 1 Bund gehackte frische Kräuter, je nach Vorliebe (Petersilie, Koriander, Frühlingszwiebeln, Basilikum, Minze, Dill oder Estragon)
- 1 kleine Zwiebel, fein gehackt
- 2 Knoblauchzehen, fein gehackt
- 4 Eier, aufgeschlagen
- 1 Prise Salz
- 1 Prise frisch gemahlener schwarzer Pfeffer
- Natives Olivenöl extra, zum Braten

ZUBEREITUNG

Alle Zutaten außer dem Olivenöl in einer mittelgroßen Schüssel vermischen.
Das Olivenöl in einer beschichteten Pfanne auf mittlerer Stufe erhitzen.
Die Masse gleichmäßig in die Pfanne gießen und braten, bis das Omelett auf beiden Seiten goldbraun ist.
Mit Salz und Pfeffer würzen und servieren.

LEVEL: EINFACH
FÜR 4 PERSONEN

SUPPE AUS JERUSALEM-ARTISCHOCKEN (TOPINAMBUR)

Diese knubbelige Knolle ist keine Artischocke und stammt auch nicht aus Jerusalem. Sie wird unter anderem als Erdartischocke, Ewigkeitskartoffel oder Topinambur bezeichnet und hat einen milden, nussigen, erdigen Geschmack, der beim Kochen eine süßliche Note erhält und mit vielen Gerichten harmoniert. Aus diesem Grund wird sie in Jerusalem besonders gerne gegessen.

ZUTATEN

- 2 Esslöffel Butter
- 1 Zwiebel, fein gehackt
- 800 g Topinambur, geschält und in ½ cm große Würfel geschnitten
- 1 l Gemüse- (Seite 286) oder Hühnerfond (Seite 289)
- 1 Handvoll frische Zatar- (Ysop-) oder Oreganoblätter
- 2 Teelöffel Salz
- ½ Teelöffel frisch gemahlener weißer Pfeffer

ZUBEREITUNG

Die Butter in einem mittelgroßen Topf hoch erhitzen. Die Zwiebel hinzufügen und anbraten, bis die Stücke weich sind und eine leicht goldene Tönung annehmen. Den Rest der Zutaten hinzufügen und zum Kochen bringen. Die Temperatur reduzieren und für 50 Minuten leicht köcheln lassen, bis die Würfel des Topinambur relativ weich sind und fast zerfallen.
Mit Salz und Pfeffer würzen und servieren.

LEVEL: MITTEL
FÜR 6 PERSONEN

SUPPE MIT MANGOLD UND FLEISCHBÄLLCHEN

Kubbeh – gefüllte Grießklöße – sind ein wichtiger Beitrag der jüdisch-kurdischen Gemeinde zur Küche Jerusalems. In West-Jerusalem werden Kubbeh-Suppen in kleinen Imbissrestaurants immer noch auf Petroleumöfen gekocht. Kubbeh mit Roter Beete ist wohl die bekannteste Variante. In diesem Rezept werden die Grießklöße durch Fleischbällchen ersetzt, das besondere Aroma dieser in Jerusalem so beliebten Suppe bleibt jedoch erhalten.

ZUTATEN

Suppe
- 1 große Rote Beete, geschält
- 2 Handvoll Mangoldblätter, gewaschen und getrocknet
- 2 Esslöffel natives Olivenöl extra
- 1 Zwiebel, fein gehackt
- 2 Knoblauchzehen, zerdrückt
- ½ Teelöffel fein gehackte frische grüne Anaheim-Chili, entkernt
- 250 ml gestückelte Tomaten aus der Dose
- 1 l Hühner- oder Rinderfond (Seite 289)
- 2 Teelöffel grobkörniges Salz

Fleischbällchen
- 600 g Rinderhackfleisch
- 1 Teelöffel feinkörniges Salz
- 1 Ei
- 1 Teelöffel süßes Paprikapulver
- 1 Handvoll fein gehackte frische Petersilie
- 3 Scheiben altes Brot, Kruste entfernt, in kaltes Wasser getaucht und ausgedrückt

ZUBEREITUNG

Die Rote Beete mit einer groben Reibe raspeln und die Mangoldblätter in 1 cm dicke Streifen schneiden. Das Olivenöl in einem großen Topf auf mittlerer Stufe erhitzen. Zwiebel, Knoblauch und Chili anbraten, bis sie leicht goldbraun sind.

Die gestückelten Tomaten hinzufügen und zum Kochen bringen.

Den Fond, geraspelte Rote Beete und Salz dazugeben und nochmals aufkochen.

Die Mangoldblätter hinzufügen und auf niedriger Stufe für eine Stunde weiterkochen.

Inzwischen außer dem Brot alle Zutaten für die Fleischbällchen in eine große Schüssel geben. Das in kleine Stücke zerteilte Brot ebenfalls darübergeben und alles gut durchmischen, bis die Masse die Konsistenz eines weichen Teiges hat.

Mit eingeölten Händen 12 Bällchen formen, die Fleischbällchen in die leicht kochende Suppe geben und weitere 20 Minuten auf niedriger Stufe weiterkochen lassen, bis sie gar sind, dann servieren.

LEVEL: MITTEL

FÜR 4 PERSONEN

OKRA IN TOMATENSAUCE

Die oft unterschätzten Okraschoten sind als Gemüse bei Köchen in Afrika und in den Südstaaten der USA sehr beliebt. Bei diesem Gericht, welches oft in arabischen und jüdischen Restaurants serviert wird, entfaltet sich das erdige Aroma der Okraschoten in einer fruchtigen und leicht scharfen Tomatensauce. Die Sauce lässt sich am Ende wunderbar mit weichem Brot aufnehmen.

ZUTATEN

- 3 Esslöffel natives Olivenöl extra
- 3 Knoblauchzehen, zerdrückt
- 1 rote Anaheim-Chili, grob gehackt
- 230 g Eiertomaten, halbiert
- 230 g reife tiefrote Fleischtomaten, geviertelt
- Frische Basilikumblätter von 2 Stängeln
- Salz und Pfeffer zum Abschmecken
- 450 g frische Okraschoten, möglichst die längliche Variante

ZUBEREITUNG

Olivenöl in einen mittelgroßen Topf mit Sandwichboden geben, Knoblauch und Chili darin bei hoher Temperatur leicht anbraten.
Die Tomaten (beide Sorten), Basilikum, Salz und Pfeffer hinzufügen und unter gelegentlichem Rühren aufkochen. Sobald die Sauce kocht, die Temperatur reduzieren und weitere 10 bis 12 Minuten köcheln lassen, bis die Tomaten weich werden und ihren Saft abgeben.
Vom Herd nehmen und die Masse durch ein grobes Sieb in eine Schüssel gießen. Mit einem Holzlöffel die ganze Flüssigkeit aus den Tomaten und dem Basilikum herausdrücken. Die Sauce in einen sauberen Topf geben und auf niedriger Stufe weiterköcheln lassen.
Inzwischen in einem anderen Topf 1½ l Wasser mit 3 Esslöffeln Salz zum Kochen bringen (nicht zu wenig salzen, das Wasser muss sehr salzig sein). Die Okraschoten hinzugeben und 5 bis 6 Minuten kochen, bis sie noch fest, außen aber schon etwas weich sind. Die Okraschoten abgießen, zu der Tomatensauce geben und gut umrühren. Auf niedriger Stufe unter gelegentlichem Umrühren weitere 20 Minuten kochen, dann servieren.

LEVEL: EINFACH

FÜR 4 PERSONEN

GERÖSTETE KAROTTEN MIT GRANATAPFEL-ZITRUS-SAUCE

Dieses Rezept stellt eine moderne und weniger süße Variante des aschkenasischen Gerichts Tzimmes dar, das ein traditioneller Eintopf mit Wurzelgemüse und getrockneten Früchten ist. Die Pflaumen und Rosinen werden hier durch eine kleine Menge Granatapfelkonzentrat und Orangenschale ersetzt. Die verschiedenen Farben der Karotten sehen sehr schön zusammen aus, daher lohnt es sich, nach den entsprechenden Sorten zu suchen.

ZUTATEN

- 3 orangefarbene Karotten, geschält
- 3 weiße Karotten, geschält
- 3 gelbe Karotten, geschält
- 3 schwarze Karotten, geschält
- 2 Esslöffel natives Olivenöl extra
- ½ Teelöffel grobkörniges Salz

Sauce
- 2 Esslöffel Granatapfelkonzentrat
- 2 Esslöffel natives Olivenöl extra
- 1 Esslöffel frisch gepresster Zitronensaft
- 1 Handvoll Thymianblätter
- ½ Teelöffel Orangenschale
- 2 Knoblauchzehen, fein gehackt
- ½ Teelöffel grobkörniges Salz
- ½ Teelöffel frisch gemahlener schwarzer Pfeffer

ZUBEREITUNG

Den Ofen auf 250 °C vorheizen und ein Bratblech mit Backpapier auslegen. Die Karotten auf dem Blech verteilen, mit Olivenöl beträufeln und das Salz darüberstreuen. 15 Minuten rösten.
Inzwischen die Zutaten für die Sauce in einer Schüssel gut vermischen, bis eine gleichmäßige Konsistenz entsteht.
Die Hälfte der Sauce über die Karotten gießen, das Blech etwas hin und her rütteln und für weitere 6 Minuten in den Backofen geben.
Die Karotten auf einem Servierteller arrangieren und den Rest der Sauce darübergießen.
Vor dem Servieren 15 Minuten abkühlen lassen.

LEVEL: KOMPLEX
ERGIBT 8 BAGELS

JERUSALEM-BAGELS

Beispiele für ringförmige Backwaren finden sich überall auf der Welt, der längliche Jerusalem-Bagel („Ka'ak" im Arabischen) ist jedoch zu einem Symbol für die Stadt geworden. Diese Bagels werden in den Gassen der Altstadt von Straßenhändlern verkauft und mit Zatar gegessen (siehe Seite 297). In Ost-Jerusalem werden sie zum Frühstück gewöhnlich mit Zatar, warmen Falafeln und hartgekochten Eiern kombiniert.

ZUTATEN

350 ml Wasser
50 g Zucker
500 g weißes Mehl
2 Esslöffel natives Olivenöl extra, zusätzlich 1 Teelöffel zum bestreichen
1 gehäufter Teelöffel feinkörniges Salz
25 g frische Hefe

Glasur
½ Teelöffel Backnatron
120 ml Wasser, Zimmertemperatur
150 g Sesamsamen

ZUBEREITUNG

250 ml Wasser, Zucker, Mehl, 2 Esslöffel Olivenöl, Salz und Hefe in die Schüssel eines Standrührgerätes geben. Auf niedriger Stufe mit dem Knethaken 3 Minuten kneten. Die Geschwindigkeit für weitere 6 Minuten erhöhen. Währenddessen nach und nach das restliche Wasser hinzugeben und weiterrühren, bis der Teig das Wasser aufgenommen hat. Es sollte ein geschmeidiger und glatter Teig entstehen.
Falls kein Standrührgerät vorhanden ist, den Teig von Hand einige Minuten kneten, dann das restliche Wasser hinzufügen und weiterkneten, bis er sich zu einer glatten und geschmeidigen Teigkugel formt.
Den Teig mit einem Teelöffel Olivenöl bestreichen und in eine große Schüssel legen. Die Schüssel mit Frischhaltefolie abdecken und 60 bis 90 Minuten an einen warmen Ort stellen, bis der Teig seine Größe verdoppelt hat. (Er kann auch über Nacht in den Kühlschrank gelegt werden.)
Ein Backblech mit Backpapier auslegen. Den Teig auf einer bemehlten Arbeitsfläche in 8 gleich große Portionen aufteilen, jede Portion zu einer Teigkugel formen und 10 Minuten ruhen lassen. Aus jeder der Teigkugeln einen Zylinder (30 cm lang) formen und dessen Enden dann zusammenführen und zusammendrücken, sodass ein Ring entsteht. Die Bagels auf dem vorbereiteten Backblech verteilen. Die einzelnen Ringe etwas in die Länge ziehen, damit sie ihre charakteristische elliptische Form erhalten.

Glasur
Für die Glasur das Backnatron mit dem zimmerwarmen Wasser vermischen, über die Bagels streichen und mit Sesamsamen bestreuen.
Die Bagels eine Stunde an einen warmen Ort stellen, bzw. so lange, bis sich ihre Größe verdoppelt hat.
Ofen auf 220 °C vorheizen. 20 bis 25 Minuten backen, bis sie goldbraun sind. Vor dem Servieren abkühlen lassen.

LEVEL: KOMPLEX
ERGIBT 8 BAGELS

BAGELS AUS SAUERTEIG

Jüdische Einwanderer aus Osteuropa haben den Bagel in die Neue Welt eingeführt. Dort wurde er schnell zu einem Grundnahrungsmittel der jüdischen Gemeinde und später ein unverzichtbarer Teil der US-amerikanischen und New Yorker Küche. In Israel haben sich die Dinge anders entwickelt – der Bagel hat dort nie wirklich eine ähnlich große Bedeutung erlangt, doch einige Bäckereien in Jerusalem stellen immer noch Bagels nach der aschkenasischen Tradition her.

ZUTATEN

100 g Sauerteigstarter (Seite 294)
350 ml kaltes Wasser
1 Esslöffel Zucker
500 g weißes Mehl
1 gehäufter Teelöffel feinkörniges Salz
1 Teelöffel natives Olivenöl extra

Glasur
80 g Backnatron
120 ml Wasser, Zimmertemperatur
1 Prise grobkörniges Meersalz

ZUBEREITUNG

Die Starterkultur, 250 ml kaltes Wasser, Zucker, Mehl und Salz in die Schüssel eines Standrührgerätes geben. Auf niedriger Stufe mit dem Knethaken 3 Minuten kneten. Die Geschwindigkeit für weitere 6 Minuten auf die mittlere Stufe erhöhen. Währenddessen nach und nach das restliche Wasser hinzugeben und weiterrühren, bis der Teig das Wasser aufgenommen hat. Es sollte ein geschmeidiger und glatter Teig entstehen.
Falls kein Standrührgerät vorhanden ist, den Teig von Hand einige Minuten kneten, dann das restliche Wasser hinzufügen und weiterkneten, bis er sich zu einer glatten und geschmeidigen Teigkugel formt.
Den Teig mit einem Teelöffel Olivenöl bestreichen und in eine große Schüssel legen. Die Schüssel mit Frischhaltefolie abdecken und 60 bis 90 Minuten an einen warmen Ort stellen, bis der Teig seine Größe verdoppelt hat. (Er kann auch über Nacht in den Kühlschrank gelegt werden.)
Ein Backblech mit Backpapier auslegen. Den Teig auf einer bemehlten Arbeitsfläche in 8 gleich große Portionen aufteilen, jede Portion zu einer Teigkugel formen und 10 Minuten ruhen lassen. Aus jeder der Teigkugeln einen (30 cm langen) Zylinder formen und die Enden zusammenführen und zusammendrücken, sodass ein Ring entsteht.
Die Bagels auf dem vorbereiteten Backblech verteilen.
Für die Glasur das Backnatron mit dem zimmerwarmen Wasser vermischen, über die Bagels streichen und mit Salz bestreuen.
Die Bagels für eine Stunde an einen warmen Ort stellen, bzw. so lange, bis sich ihre Größe verdoppelt hat.
Ofen auf 220 °C vorheizen. 20 bis 25 Minuten backen, bis sie goldbraun sind.
Vor dem Servieren abkühlen lassen.

LEVEL: KOMPLEX

ERGIBT 1 LAIB

CHALLA-BROT

Die Challa, eines der grundlegenden jüdischen Rezepte, wird in der ganzen Welt von Juden aller Altersgruppen und aller Couleur gebacken und gegessen. Mitunter sieht man Challa-Brot sogar in den Fenstern nicht-jüdischer Bäckereien in Jerusalem, und in hippen Cafés in der Stadt werden gar Arme Ritter aus Challa gebacken. Dieses Rezept ergibt eine süße Challa. Für eine herzhafte Version nur einen Esslöffel Zucker verwenden statt 50 Gramm.

ZUTATEN

500 g weißes Mehl
25 g frische Hefe
50 g Zucker
1 gehäufter Teelöffel feinkörniges Salz
260 ml Wasser
2 Esslöffel natives Olivenöl extra
1 Ei, aufgeschlagen

ZUBEREITUNG

Außer dem Ei alle Zutaten in die Schüssel eines Standrührgerätes geben. Mit dem Knethaken bei niedriger Geschwindigkeit 3 Minuten kneten. Dann für weitere 6 Minuten die Geschwindigkeit erhöhen, bis der Teig glatt und etwas fest ist. Falls kein Standrührgerät vorhanden ist, kann der Teig auch von Hand zu einer glatten und gleichmäßigen Teigkugel geknetet werden. Den Teig nun in eine geölte Schüssel legen, diese mit Frischhaltefolie abdecken und an einem warmen Ort 1 bis 1½ Stunden gehen lassen. Sobald der Teig aufgegangen ist, in vier gleich große Portionen aufteilen und auf einer bemehlten Arbeitsfläche zu einer Kugel formen.
Dann jede der Kugeln zu einem Streifen (30 cm lang) ausrollen, der in der Mitte etwas dicker ist als an den Rändern.
Vier Teigstreifen auf einem Bogen Backpapier in einer Reihe auslegen und am oberen Ende zusammenführen. Den linken äußersten Streifen nach rechts unter den nächsten beiden Streifen hindurch und dann wieder über den nächstgelegenen linken Streifen zurückführen. Dann den äußersten rechten Streifen nehmen und nach links unter den folgenden beiden Streifen durchführen (die bereits geflochten sind) und dann wieder rechts zurück über den nächsten rechten Streifen. Wiederholen, bis ein schöner Zopf entstanden ist. Die Enden der Challa mit der Handkante etwas zusammendrücken und die ungleichmäßigen Ränder mit dem kleinen Finger entfernen. Beide Enden gut zusammendrücken und unter das Brot umschlagen. Mithilfe des Backpapiers die Challa auf ein Backblech umsetzen.
Mit einem sauberen Küchenhandtuch zudecken und 90 Minuten an einen warmen Ort stellen, bis der Teig seine dreifache Größe erreicht hat. Den Ofen auf 170 °C vorheizen.
Die Challa gleichmäßig mit dem verquirlten Ei bestreichen und 40 Minuten backen, bis sie eine intensive goldbraune Farbe angenommen hat.
Aus dem Ofen nehmen und vor dem Servieren 15 bis 20 Minuten abkühlen lassen.

LEVEL: KOMPLEX

ERGIBT CA. 30 TEIGTASCHEN

GEFÜLLTE SEPHARDISCHE TEIGTASCHEN

Ein unbekannter jüdischer Dichter verfasste im Istanbul des 18. Jahrhunderts ein Loblied auf die Aubergine, welches in 37 Versen 36 Auberginengedichte beschreibt. Sephardische Juden und palästinensische Araber pflegten zu sagen, dass sich der Wert einer Frau an ihrer Fähigkeit bemesse, Auberginen auf 100 verschiedene Arten zubereiten zu können. Diese für die sephardische Küche typischen gefüllten Teigtaschen sind nur eine Variante, aber so gut, dass man vielleicht nicht mehr als dieses eine Rezept braucht.

ZUTATEN

Teig
300 g Mehl
200 g Butter
1 Ei
½ Teelöffel Salz

Füllung
1 große Aubergine, gewaschen und abgetrocknet
1 kleine Zwiebel, fein gehackt
1 Teelöffel Salz
1 Handvoll gehackte frische Petersilie
½ Teelöffel süßes Paprikapulver
250 g Lammhackfleisch
1 Ei, aufgeschlagen, zum Backen

ZUBEREITUNG

Die Teigzutaten in einer Küchenmaschine zu einer Teigkugel verarbeiten. Den Teig herausnehmen, in Frischhaltefolie wickeln und für eine Stunde in den Kühlschrank stellen.
Inzwischen die Aubergine rösten. Dafür die Kochstelle des Gasherdes mit Alufolie bedecken und die Aubergine direkt auf die offene Flamme legen. Mit einer Küchenzange umdrehen, sobald eine Seite geschwärzt ist. Wer keinen Gasherd hat, röstet die zuvor halbierte Aubergine mit der Schnittfläche nach unten im Backofen. Wenn die Haut der Aubergine verkohlt und das Fleisch so weich ist, dass man leicht mit einem Messer hineinstechen kann, die Aubergine in ein Sieb über eine Schüssel legen, abkühlen und abtropfen lassen. Wenn die Aubergine abgekühlt ist, der Länge nach durchschneiden – sofern nicht schon geschehen – und das Fleisch mithilfe einer Gabel von der Haut trennen. Nicht waschen, auch nicht, wenn kleine Stücke Haut hängen bleiben, da sonst das rauchige Aroma verloren gehen würde. Mit einem schweren Messer das Fleisch der Aubergine nun zu einem Püree zerdrücken und in eine Schüssel geben. Zwiebel, Salz, Petersilie und Paprika dazugeben und gut durchmischen.
Nun das Lammhackfleisch hinzufügen und von Hand einige Minuten durchkneten, dann zudecken und für 40 Minuten kühl stellen.
Den Ofen auf 180 °C vorheizen und ein Blech mit Backpapier auslegen.
Den Teig auf einer bemehlten Arbeitsfläche dünn ausrollen (3 mm).
Mit einer Ausstechform Kreise mit einem Durchmesser von 10 cm ausstechen. Jeweils einen Esslöffel der Füllung in die Mitte geben und die Ränder nach oben falten und um die Füllung zusammendrücken, sodass eine Blumenform entsteht.
Die Teigtaschen auf das Blech legen, mit dem verquirlten Ei bestreichen und 20 Minuten backen, bis sie goldbraun sind, dann servieren.

LEVEL: MITTEL

FÜR 6 PERSONEN

JERUSALEM-KUGEL

Jerusalem-Kugel, ein langsam gegarter Auflauf mit Nudeln oder Kartoffeln, ist ein typisch aschkenasisches Sabbat-Gericht aus Osteuropa. In den chassidischen Gemeinden genießt die Kugel heutzutage Kultstatus – und ist mit den Hostien im Christentum vergleichbar, was eigentlich für das Judentum eher ungewöhnlich ist. Der Rabbi segnet die Kugel und die Gläubigen essen sie direkt aus seinen Händen.

ZUTATEN

500 g breite Eiernudeln (Fettuccine)
60 ml Sonnenblumenöl
1 Zwiebel, gehackt
170 g Zucker
4 Eier
1 Teelöffel Salz
2 Teelöffel frisch gemahlener schwarzer Pfeffer

ZUBEREITUNG

Den Ofen auf 100 °C vorheizen.
Einen Topf mit Salzwasser zum Kochen bringen und die Nudeln gemäß den Anweisungen auf der Verpackung kochen.
Während die Nudeln kochen, die Hälfte des Öls in einem großen Topf erhitzen. Die Zwiebel hineingeben und anbraten, bis die Stücke rundherum goldbraun sind.
Den Zucker und das restliche Öl zu den Zwiebeln geben, gut vermischen und 5 Minuten auf niedriger Stufe kochen lassen.
Die gekochten und abgegossenen Nudeln mit der Zwiebelmischung in einer großen Schüssel vermengen und abkühlen lassen.
Die Eier schlagen und mit dem Salz und Pfeffer in die Schüssel geben und gut vermischen.
Die Masse in eine Kastenform füllen und mit Alufolie abdecken.
12 Stunden backen.
Aus dem Ofen nehmen und leicht abkühlen lassen.
Leichten Druck auf die Seiten der Kastenform ausüben und die Kugel auf eine Platte stürzen und servieren.

LEVEL: MITTEL
FÜR 4 PERSONEN

HUHN-SOFRITO AUS JERUSALEM

Jedes Mittelmeerland hat ein eigenes Sofrito. Für die Sephardim aus Jerusalem ist Sofrito ein meistens mit Huhn zubereitetes zartes und saftiges Schmorgericht, das mit goldgelben Kartoffeln serviert wird, die das Aroma besonders gut aufnehmen. Dafür wird jede Zutat einzeln angebraten, bevor das Ganze dann zusammen gekocht wird. Das Huhn erzeugt genügend Flüssigkeit für einen Fond, in dem das ganze Gericht schmort und in dem sich die Aromen auf ideale Weise vereinen können.

ZUTATEN

80 ml Sonnenblumenöl
1 ganzes Huhn, geviertelt
8 große Kartoffeln, geschält und geviertelt
1 Teelöffel gemahlene Kurkuma
½ Teelöffel Koriandersamen
½ Teelöffel Baharat-Gewürzmischung (Seite 19)
1 Teelöffel Salz
½ Teelöffel frisch gemahlener weißer Pfeffer
2 Esslöffel Wasser

ZUBEREITUNG

Den Ofen auf 160 °C vorheizen.
Eine schwere, ofenfeste Kasserolle oder einen gusseisernen Topf auf den Herd stellen und das Sonnenblumenöl hineingeben.
Die Hühnerteile auf allen Seiten anbraten, bis sie eine leicht goldene Farbe angenommen haben, und dann aus dem Topf herausnehmen und zur Seite stellen.
Die Kartoffeln ebenfalls auf allen Seiten anbraten, bis sie leicht goldbraun sind, dann herausnehmen und zur Seite stellen.
Das Öl in der Kasserolle weggießen. Die Hälfte der Kartoffeln in der Kasserolle zu einer gleichmäßigen Schicht arrangieren. Die Hühnerteile darauflegen und danach die restlichen Kartoffeln darauf verteilen.
Gelbwurz, Koriander, Baharat, Salz und Pfeffer mit dem Wasser vermischen, dann über das Hühnerfleisch und die Kartoffeln in der Kasserolle geben.
Zudecken und 2½ Stunden schmoren. Heiß aus dem Ofen servieren.

LEVEL: MITTEL

FÜR 4 PERSONEN

LAMMFRIKADELLEN MIT FENCHEL

Der Anisgeschmack des Fenchels ist ein vertrautes Merkmal vieler mediterraner Gerichte. Das Wurzelgemüse kann je nachdem, wie es zubereitet wird, einen sehr feinen oder auch scharfen Geschmack entwickeln. Durch das Rösten tritt die intensiv süße und erdige Geschmacksnote des Fenchels hervor. In Verbindung mit dem Lammfleisch prägt er das Aroma dieses Gerichts und bildet zugleich einen schönen farblichen Kontrast zum gebräunten Fleisch.

ZUTATEN

Für die Frikadellen
- 2 Fenchelknollen
- 500 g Lammhackfleisch
- 2 Knoblauchzehen, zerdrückt
- 1 Handvoll gehackte frische Petersilie
- ½ Teelöffel geriebene Zitronenschale
- 1 Teelöffel Salz
- ½ Teelöffel frisch gemahlener schwarzer Pfeffer

Für den gerösteten Fenchel
- 4 Fenchelknollen, längs in sechs Spalten geschnitten
- 500 ml Hühnerfond (Seite 289)
- 3 Esslöffel natives Olivenöl extra
- ½ Teelöffel grobkörniges Salz
- ½ Teelöffel frisch gemahlener schwarzer Pfeffer

ZUBEREITUNG

Die Stängel von den beiden Fenchelknollen entfernen und die Knollen sehr fein schneiden, möglichst mit einer Küchenmaschine. Den zerkleinerten Fenchel in eine Schüssel geben, den Rest der Zutaten für die Frikadellen hinzufügen und gut durchmischen, bis die Masse leicht klebrig ist.
Eine Stunde kühl stellen.
Den Ofen auf 200 °C vorheizen.
Die Masse zu 12 Frikadellen formen, in einer Bratpfanne arrangieren und den in Spalten geschnittenen Fenchel dazwischenlegen.
Den Hühnerfond über die Frikadellen und den Fenchel gießen, mit Olivenöl beträufeln und mit Salz und Pfeffer würzen.
Ungefähr 35 Minuten im Ofen garen, bzw. so lange bis die Fenchelspalten weich sind, und servieren.

LEVEL: MITTEL
FÜR 4 PERSONEN

LAMM-SCHAWARMA MIT TAHIN

Schawarma ist ein sehr beliebter arabischer Straßensnack, der erfreulicherweise in die israelische Küche Eingang gefunden hat. Das Originalrezept sieht Lammfleisch vor, in Israel wird es jedoch auch mit Hühner- oder Truthahnfleisch zubereitet, welches mit Lammfett aromatisiert wird. Mitunter werden andere Gewürze als in der Türkei verwendet, aber das zeichnet Schawarma gerade aus: Ob in Pitabrot oder auf dem Teller serviert, jede Region und jeder Koch hat eine eigene Variante.

ZUTATEN

- 800 g Lammhaxe mit Knochen
- 1 rote Zwiebel, in dünne Scheiben geschnitten
- 4 Knoblauchzehen, zerdrückt
- 1 Teelöffel fein gehackte frische grüne Anaheim-Chili, entkernt
- 1 Teelöffel grobkörniges Meersalz
- 1 Teelöffel frisch gemahlener schwarzer Pfeffer
- ½ Teelöffel gemahlener Kreuzkümmel
- 3 große reife Tomaten
- 2 Esslöffel frisch gepresster Zitronensaft
- 60 ml vorbereitetes Tahin (Seite 290)
- 2 Esslöffel natives Olivenöl extra
- ½ Bund gehackte frische Petersilie

ZUBEREITUNG

Das Lammfleisch in dünne Scheiben schneiden.
Eine große Pfanne hoch erhitzen, die Lammfleischscheiben ohne Fett 2 Minuten von jeder Seite anbraten und dann auf einen Teller legen. Zwiebel, Knoblauch, Chili, Salz und Pfeffer sowie Kreuzkümmel in die Pfanne geben und ohne Zugabe von Fett und unter ständigem Rühren 3 bis 5 Minuten rösten, bis die Zwiebel goldbraun ist.
Das Lammfleisch auf ein Schneidebrett legen und mit einem schweren Messer in ½ cm breite Streifen schneiden.
Die Pfanne mit der Gewürzmischung wieder erhitzen, bis diese Blasen schlägt. Das Lammfleisch hinzugeben und unter ständigem Rühren anbraten, bis es braun und kross ist.
Die Tomaten halbieren und den Saft über der Pfanne wie bei einer Zitrone ausdrücken. Den Zitronensaft dazugeben und 3 bis 5 Minuten kochen, bis die Sauce etwas eingedickt ist.
Die Pfanne vom Herd nehmen. Das vorbereitete Tahin über das Lamm gießen, mit Olivenöl beträufeln und mit Petersilie bestreuen und servieren.

LEVEL: MITTEL

FÜR 4–6 PERSONEN

MIT REIS UND LAMM GEFÜLLTER EICHELKÜRBIS

Gefüllter Kürbis ist im ganzen Nahen Osten ein ausgesprochen beliebtes und wohlschmeckendes Gericht, das auf den ersten Blick komplizierter wirkt, als es tatsächlich ist. Dies ist die moderne Variante eines traditionellen Rezepts aus den Küchen der jüdischen Gemeinden in Zentralasien (daher der Basmati-Reis). Der Eichelkürbis eignet sich besonders gut für dieses Rezept, da er ein frisches Aroma hat und seine Form beim Kochen gut behält.

ZUTATEN

Füllung
500 g Lammhackfleisch
500 g Basmati-Reis, gekocht
2 Karotten, grob geraspelt
100 g Kichererbsen aus der Dose
1 Zwiebel, fein gehackt
½ Bund gehackte frische Petersilie
2 Knoblauchzehen, fein gehackt
60 ml Granatapfelkonzentrat
1 Teelöffel gemahlener Zimt
2 Teelöffel Salz
1 Teelöffel frisch gemahlener schwarzer Pfeffer

3 mittelgroße Eichelkürbisse, halbiert und entkernt

ZUBEREITUNG

Ofen auf 160 °C vorheizen.
Die Zutaten für die Füllung in eine große Schüssel geben und gut durchmischen.
Die halbierten Kürbisse mit der Schnittfläche nach oben auf zwei Bratbleche setzen und die Füllung hineingeben.
Mit einer doppelten Lage Alufolie abdecken und für 4 Stunden in den Backofen geben.
Dann die Alufolie abnehmen, die Temperatur auf 200 °C erhöhen und weitere 10 Minuten rösten.
Aus dem Ofen nehmen und auf einer großen Platte servieren.

LEVEL: KOMPLEX
FÜR 4 PERSONEN

MIT REIS UND FLEISCH GEFÜLLTE ZWIEBELN

In der westlichen Küche werden Zwiebeln zwar häufig als Grundzutat verwendet, die Hauptrolle spielen sie jedoch fast nie, was sehr schade ist. Das Kochen mildert ihre beißende Schärfe und sie sind eine herrliche Umhüllung für die verschiedensten delikaten Füllungen. Die Sauce aus gestückelten Tomaten, in der die Zwiebeln gegart werden, sorgt für zusätzliches Aroma und stellt sicher, dass das Gericht im Backofen nicht austrocknet.

ZUTATEN

Füllung
600 g Rinderhackfleisch
2 Knoblauchzehen, zerdrückt
1 Handvoll Thymianblätter
1 Handvoll gehackte frische Petersilie
1 Teelöffel Salz
½ Teelöffel frisch gemahlener schwarzer Pfeffer

3 große Zwiebeln

Zum Rösten
2 Esslöffel natives Olivenöl extra
500 g gestückelte Tomaten aus der Dose

ZUBEREITUNG

Einen mittelgroßen Topf zu ¾ mit Wasser füllen und zum Kochen bringen. Eine Schüssel mit Eiswasser vorbereiten.
Die Zutaten für die Füllung in eine Schüssel geben und gut durchmischen.
Die Zwiebeln schälen und der Länge nach einschneiden, jedoch nicht ganz durchschneiden, sodass sie beim Kochen noch intakt bleiben. Zwiebeln in das kochende Wasser geben und 3 bis 4 Minuten kochen. Sobald die Zwiebeln weich sind, mit einem Sieblöffel herausnehmen und in das Eiswasser legen. 5 Minuten abkühlen lassen, dann aus dem Wasser nehmen und die einzelnen Schichten nach und nach abziehen.
Ein rechteckiges Bratblech mit Olivenöl bestreichen und den Ofen auf 200 °C vorheizen.
In jede der Zwiebelschichten einen gehäuften Esslöffel der Füllung geben. Gefüllte Zwiebescheiben jeweils zu einer ovalen Form leicht zusammendrücken und nebeneinander auf das Bratblech setzen. Dazwischen die gestückelten Tomaten verteilen.
35 bis 40 Minuten in den Backofen geben, bis die Zwiebeln weich und goldbraun sind, dann heiß servieren.

LEVEL: MITTEL
FÜR 4 PERSONEN

LAMM-KASSEROLLE MIT ZITRONE, ROSMARIN UND KNOBLAUCH

Dieses Gericht ist die Quintessenz der typischen Aromen der Gegend. Zitrone, Knoblauch und Rosmarin frischen den erdigen Geschmack des Lammfleischs auf, während das Olivenöl und der Weißwein alles zusammenführen und sich mit dem Fleischsaft zu einer köstlichen Sauce vereinen, die sehr gut zu Couscous, Reis oder Kartoffeln passt und in die am Ende der Mahlzeit ein Stück Brot eingetunkt werden kann.

ZUTATEN

- 60 ml natives Olivenöl extra
- 1 kg Lammhaxe mit Knochen, in 4 cm große Stücke geschnitten
- 4 Knoblauchzehen, fein gehackt
- 1 Zitrone, gewaschen und ungeschält, in 1 cm große Würfel geschnitten
- 1 gehäufter Teelöffel grobkörniges Meersalz
- 1 Teelöffel frisch gemahlener schwarzer Pfeffer
- ½ Flasche trockener Weißwein
- 3 Stängel Rosmarin

ZUBEREITUNG

Ofen auf 160 °C vorheizen.
Die Hälfte des Olivenöls in einer schweren, ofenfesten Kasserolle oder einem gusseisernen Topf auf hoher Stufe erhitzen.
Einen Teil des Lammfleischs hineingeben und anbraten, bis die Stücke von allen Seiten gebräunt sind, dann herausnehmen und auf einen Teller legen. (Immer nur einige Fleischstücke anbraten, damit die Temperatur des Öls nicht abgesenkt wird.)
Wenn alle Fleischstücke angebraten sind, diese mit dem Fleischsaft zurück in die Kasserolle geben. Knoblauch, Zitronenwürfel, Salz und Pfeffer hinzufügen und 3 Minuten bei hoher Temperatur kochen. Den Weißwein und den Rest des Olivenöls dazugeben und aufkochen. 3 Minuten kochen lassen, bis der Alkohol verdampft ist.
Vom Herd nehmen, die Rosmarinzweige hineinlegen, mit dem Deckel zudecken und in den Backofen stellen.
3 Stunden schmoren, bis das Lammfleisch sehr weich ist. Heiß servieren.

LEVEL: KOMPLEX
FÜR 6 PERSONEN

MAKKARONI-HAMIN

Über viele Jahrhunderte hinweg haben jüdische Gemeinschaften die kulinarischen Traditionen ihrer Umgebung aufgegriffen und sie an die Regeln des koscheren Kochens (siehe Seite 167) angepasst. Hamin, eine Art Eintopf, mit dem gewöhnlich alle möglichen Reste verwertet werden, ist ein sehr geschätztes Gericht, welches in allen jüdischen Gemeinden gekocht wird, aber gerade in Jerusalem besonders beliebt ist.

ZUTATEN

- 1 Esslöffel Tomatenmark
- 1 Teelöffel süßes Paprikapulver
- 3 Esslöffel natives Olivenöl extra
- 2 Teelöffel feinkörniges Salz
- 2 Teelöffel frisch gemahlener schwarzer Pfeffer
- 12 Hühnerschlegel
- 6 mittelgroße Kartoffeln
- 500 g Makkaroni
- 4 Eier, aufgeschlagen

ZUBEREITUNG

In einer großen Schüssel Tomatenmark, Paprika, Olivenöl, Salz und Pfeffer verrühren. Die Hühnerschlegel hinzugeben und gut vermengen, sodass sie von allen Seiten mit der Marinade bedeckt sind. Die Schüssel zudecken und im Kühlschrank eine Stunde ziehen lassen.
Die Kartoffeln schälen und der Breite nach in ½ cm dicke Scheiben schneiden. In eine Schüssel legen und mit Wasser bedecken, damit sie nicht dunkel anlaufen.
In einem großen Topf Wasser mit 1 Esslöffel Salz zum Kochen bringen, darin die Makkaroni kochen, bis sie knapp al dente sind, und abgießen.
Den Ofen auf 120 °C vorheizen.
Eine schwere, ofenfeste Kasserolle oder einen gusseisernen Topf einölen und die Kartoffelscheiben auf dem Boden arrangieren.
Die Kartoffelscheiben mit der Hälfte der gekochten Makkaroni bedecken. Darauf die Hühnerteile gleichmäßig verteilen, dabei die Marinade zurückbehalten, und das Hühnerfleisch mit dem Rest der Makkaroni bedecken. Die aufgeschlagenen Eier in die Schüssel mit der Marinade geben, gut verrühren und in die Kasserolle gießen.
Aus einem Bogen Backpapier einen Kreis mit dem Durchmesser der Kasserolle ausschneiden und damit die obere Makkaronischicht abdecken, so trocknet das Gericht nicht aus. Einen gut schließenden Deckel aufsetzen und für 12 Stunden (idealerweise über Nacht) in den Backofen stellen.
Direkt aus der Kasserolle servieren oder auf eine große Servierplatte geben.

LEVEL: MITTEL
FÜR 8 PERSONEN

MALABI-PUDDING MIT ROSENWASSER UND SIRUP AUS WILDBEEREN

Dieser Pudding – ein klassisches, von der arabischen Küche des Mittelalters inspiriertes Dessert – besticht durch seine Farben und sein überraschend frisches Aroma. Die Gelatine (sie ist nicht koscher, wenn sie von Schweinen stammt) wird hier durch Maisstärke ersetzt, die die fettreiche Crème für einen Pudding gerade fest genug werden lässt, aber ihre weiche und seidige Konsistenz erhält.

ZUTATEN

Pudding
- 250 g Crème double oder Schlagsahne extra
- 250 ml Milch
- 3 Esslöffel Zucker
- 3 Esslöffel Maisstärke, in 2 Esslöffeln kalter Milch aufgelöst
- 4 Tropfen Rosenwasseressenz

Sauce
- 250 g gemischte Wildbeeren
- 2 Esslöffel Zucker
- 60 ml Wasser
- 2 Esslöffel Crème de Cassis

ZUBEREITUNG

Sahne, Milch und Zucker in einem kleinen Topf zum Kochen bringen. Die aufgelöste Maisstärke hinzugeben und auf niedriger Stufe und unter ständigem Rühren kochen, bis die Masse glatt und dick ist und blubbert. Vom Herd nehmen, die Rosenwasseressenz dazugeben, gut verrühren und in 8 kleine Schalen aufteilen.
Auf Zimmertemperatur abkühlen lassen, die Schalen zudecken und mindestens 2 Stunden in den Kühlschrank stellen.
Die Zutaten für die Sauce in einem kleinen Topf zum Kochen bringen. Die Temperatur reduzieren und 10 Minuten köcheln lassen.
Vom Herd nehmen und auf Zimmertemperatur abkühlen lassen.
Nach Ablauf der 2 Stunden die Schalen aus dem Kühlschrank nehmen und eine 1 cm dicke Schicht der Beerensauce auf jeder Puddingportion verteilen und servieren.

LEVEL: MITTEL
ERGIBT 1 KUCHEN

MANDEL-RÜHRKUCHEN

Ein Rührkuchen ist einfach, schmeckt gut und wird in vielen Kulturen als Nachtisch oder zum Nachmittagstee serviert. Mandeln sind sehr beliebt in Israel, sie kommen in Hunderten von Rezepten sowohl aus der arabischen als auch der jüdisch-sephardischen Küche vor. Bei diesem Rezept verleihen sie dem beliebten Kuchen ein zusätzliches Aroma und damit einen regionalen Touch, wobei er seine dichte und schöne elastische Konsistenz beibehält.

ZUTATEN

- 140 g weißes Mehl
- 100 g gemahlene blanchierte Mandeln
- 1 Teelöffel Backpulver
- 1 Teelöffel Backnatron
- 200 g Butter, Zimmertemperatur
- 120 g Zucker
- 6 Tropfen Mandelessenz
- 3 Eier
- 1 Esslöffel frisch gepresster Zitronensaft

ZUBEREITUNG

Den Ofen auf 170 °C vorheizen.
Eine Kastenform (25 cm lang) mit Backpapier auslegen.
Mehl, Mandeln, Backpulver und Backnatron durch ein Sieb in eine große Schüssel geben.
Butter und Zucker auf mittlerer Stufe in einem Standrührgerät oder in einer tiefen Schüssel mit einem Handrührgerät schlagen, bis die Masse leicht und locker ist. Während des Rührvorgangs abwechselnd 2 Tropfen Mandelessenz und jeweils ein Ei dazugeben, bis der Teig beides gut aufgenommen und eine geschmeidige Konsistenz entwickelt hat.
Unter Rühren nach und nach die gesiebten trockenen Zutaten und schließlich den Zitronensaft dazugeben, bis ein gleichmäßiger Teig entstanden ist.
Die Masse in die vorbereitete Kastenform gießen und 40 Minuten backen, bis an einem in die Mitte gestochenen Holzstäbchen kein Teig mehr hängen bleibt.
Den Kuchen aus dem Ofen herausnehmen, mit einem sauberen Küchenhandtuch abdecken und 40 Minuten abkühlen lassen.

LEVEL: EINFACH
ERGIBT 25–30 KEKSE

MARZIPANKEKSE

In Israel gibt es kaum ein Rezept ohne Mandeln, da es eine der Lieblingszutaten der meisten Israelis ist. Diese Kekse haben nicht wirklich die Konsistenz von Marzipan und keine Ähnlichkeit mit der krümeligen, trockenen und häufig künstlich eingefärbten Masse, die Kinder an Feiertagen häufig als Süßigkeit geschenkt bekommen. Bei diesem Rezept wird das Mehl durch gemahlene Mandeln ersetzt, wodurch die Kekse besonders fein schmecken.

ZUTATEN

250 g Zucker
3 Eiweiß, Zimmertemperatur
300 g blanchierte Mandeln, zu Mandelmehl vermahlen
½ Teelöffel Backpulver
5 Tropfen Mandelessenz
60 g Puderzucker

ZUBEREITUNG

Zucker, Eiweiß, gemahlene Mandeln, Backpulver und Mandelessenz in einer Schüssel verrühren, bis die Mischung etwas klebrig ist.
Für 30 Minuten in den Kühlschrank stellen.
Inzwischen den Ofen auf 180 °C vorheizen und ein Backblech mit Backpapier auslegen.
Den Puderzucker in eine kleine Schüssel geben.
Die Mischung aus dem Kühlschrank nehmen und mit feuchten Händen zu Kugeln formen, ungefähr in der Größe von Tischtennisbällen.
Anschließend jede der Kugeln im Puderzucker wälzen und mit mindestens 2 cm Abstand zueinander auf das Backblech legen.
13 Minuten backen, aus dem Ofen nehmen und abkühlen lassen.
Sobald die Kekse abgekühlt sind, haben sie die richtige Konsistenz, um direkt gegessen zu werden. Man kann sie aber auch bis zu drei Tage in einem luftdichten Behälter aufbewahren.

LEVEL: MITTEL
ERGIBT 1 KUCHEN

ORANGEN-GRIESSKUCHEN

Basbousa, ein dicht gebackener Grießkuchen, der in Zuckersirup getränkt wird, ist ein echter Klassiker der arabischen Küche, der in vielen Läden und an Straßenständen angeboten, wird die Süßigkeiten verkaufen. Die Orangen (als Saft und in Form von Orangenblütenessenz) sind eine moderne Ergänzung dieses Kuchenrezepts, und die schön anzusehende Schicht aus Kokosraspeln bildet einen zusätzlichen geschmacklichen Kontrast.

ZUTATEN

Kuchen
- 5 Eier
- 80 g Zucker
- 150 g Butter, geschmolzen
- 100 g Mehl
- 150 g Grieß
- 70 g Kokosraspel, zusätzlich 40 g zum Verzieren
- 1 Teelöffel Backpulver
- 200 ml Orangensaft
- 6 Tropfen Orangenblütenessenz

Sirup
- 180 ml Wasser
- 150 g Zucker
- 2 Esslöffel frisch gepresster Zitronensaft

ZUBEREITUNG

Ofen auf 170 °C vorheizen.
Eine Kastenform (30 cm lang) mit Backpapier auslegen.
Eier und Zucker in die Schüssel eines Standrührgerätes geben. Mit dem Rühraufsatz 6 bis 7 Minuten aufschlagen, bis die Masse schaumig ist (die Masse kann auch in einer tiefen Schüssel mit einem Handrührgerät aufgeschlagen werden). Nach und nach die Butter dazugeben und rühren, bis sie völlig absorbiert ist.
Mehl, Grieß, Kokosraspel und Backpulver in eine Schüssel sieben. Nun abwechselnd die gesiebten Zutaten, den Orangensaft und die Orangenblütenessenz in jeweils kleinen Mengen zum Teig hinzufügen und rühren, bis dieser eine glatte und gleichmäßige Konsistenz hat.
Den Teig in die vorbereitete Kastenform gießen und 40 Minuten backen. Nach 30 Minuten Backzeit die Sirup-Zutaten in einem kleinen Topf miteinander verrühren und zum Kochen bringen, dann vom Herd nehmen. Den Kuchen aus dem Ofen nehmen und den Sirup darübergießen.
Die Kokosraspel darüberstreuen und vor dem Servieren 40 Minuten abkühlen lassen. Der Kuchen kann bis zu 48 Stunden in einem luftdichten Behälter aufbewahrt werden.

LEVEL: KOMPLEX

ERGIBT 1 STRUDEL

ORANGEN-MOHN-STRUDEL

Für diese Variation des in Mittel- und Osteuropa so beliebten Strudels – der gewöhnlich auf der Zunge zergeht und dessen Füllung von einer nur dünnen Teigschicht umgeben ist – werden Orangen auf dreierlei Weise verwendet, da sie mit ihrem spritzigen Aroma einen schönen Kontrast zum erdigen Geschmack der Mohnsamen bilden. Die besonders bei den aschkenasischen Juden beliebten Mohnsamen sind mittlerweile zu einem Symbol des Purimfestes geworden.

ZUTATEN

Füllung
200 g gemahlene Mohnsamen
150 ml Milch
100 g Butter
100 g Streuzucker oder sehr feiner Zucker
2 Esslöffel Orangenlikör
6 Tropfen Orangenblütenessenz
½ Teelöffel Orangenschale
2 Eier, aufgeschlagen

Teig
300 g Mehl
200 g Butter
1 Ei
40 g Puderzucker
½ Teelöffel Vanilleextrakt
1 Prise Salz

ZUBEREITUNG

Mohnsamen, Milch, Butter und Zucker in einem kleinen Topf zum Kochen bringen. Temperatur reduzieren und für 3 Minuten unter ständigem Rühren weiterkochen.
Topf vom Herd nehmen. Die Orangenzutaten hinzufügen, gut vermischen und 15 Minuten zum Abkühlen zur Seite stellen.
Dann die aufgeschlagenen Eier dazugeben und gut vermischen.
30 Minuten in den Kühlschrank stellen.
Die Arbeitsfläche mit Frischhaltefolie abdecken. Die Füllung in einer geraden Linie (25 cm lang) daraufgeben und die Frischhaltefolie mit der Füllung vorsichtig einrollen, sodass eine längliche Wurst entsteht.
Auf eine flache Platte legen und für 4 Stunden in das Tiefkühlfach geben, bis die Füllung gefroren ist.
Inzwischen die Teigzutaten in eine Küchenmaschine geben und rühren, bis eine glatte Teigkugel entsteht. Die Teigkugel in Frischhaltefolie wickeln und kühl stellen. Sobald die Füllung gefroren ist, den Ofen auf 160 °C vorheizen. Den Teig mit einem Rollholz auf einer bemehlten Arbeitsfläche sehr dünn ausrollen. Die Seiten so beschneiden, dass ein Teigquadrat mit den Maßen 25 × 25 cm entsteht.
Die Füllung aus dem Tiefkühlfach nehmen, die Frischhaltefolie abziehen und die Füllung entlang des Teigrandes legen. Dann den Teig um die Füllung rollen, bis diese vollständig umhüllt ist.
Eine Kastenform (25 cm lang) mit Backpapier auslegen und die Rolle hineinlegen. Die Teigrolle an der Oberseite mit aufgeschlagenem Ei bestreichen und 40 Minuten backen, bis sie goldbraun ist.
Vor dem Servieren 40 Minuten abkühlen lassen.

ÜBER DIE REGION

DER SÜDEN

WÜSTENTRADITIONEN UND HIGH-TECH-LANDWIRTSCHAFT

Der Süden, eingekeilt zwischen Ägypten und Jordanien und nach unten vom Roten Meer begrenzt, ist eine kulturell sehr vielfältige Region, in der die kulinarischen Traditionen stark von den Juden Nordafrikas geprägt sind, aber auch bis zu den Kulturen zurückreichen, die seit Jahrtausenden den Mittelmeerraum bevölkern. Die Küche der Nomaden beruht auf den Tieren und Werkzeugen, die sie mit sich führen konnten, während die Weinkulturen und die Gewächshäuser mit ihren Trauben, Oliven, Paprikaschoten, Tomaten und sogar Erdbeeren vielleicht die dauerhaftesten Strukturen in dieser Landschaft sind.

Die Weite der Wüstenlandschaft im Süden Israels birgt viele Geheimnisse, am erstaunlichsten ist aber, wie grün und fruchtbar sie teilweise ist. In den Dünen finden sich, versteckt zwischen den verstreuten Zelten der Nomaden und einigen der frühesten Siedlungen des Landes, Gewächshäuser, in denen dank uralter Bewässerungstechniken, die an die moderne Zeit angepasst wurden, eine überaus üppige Pflanzenwelt gedeiht.

Der Norden Israels ist durch besonders üppiges Grün und eine herrliche Vegetation geprägt, Tel Aviv ist die schillernde und verheißungsvolle Metropole, in deren Straßen Ideen geboren und Träume verwirklicht werden. In Jerusalem erzählen die helle Kalksteinarchitektur, die gepflasterten Gassen, die verborgenen Gärten und das geschäftige Treiben in den Suks von einer Jahrtausende währenden Geschichte und inbrünstiger Andacht. Bei dem Gedanken an Israel erstrecken sich vor dem inneren Auge aber meist auch die Wüsten im Süden des Landes, jene stillen und alles überdauernden Landschaften, gesprenkelt mit den Zelten der Nomaden, den Überresten antiker Städte, einigen der frühesten Siedlungen Israels und in den Dünen verborgenen Geheimnissen der Beduinen.

Einige dieser Geheimnisse sind für eine solch offenkundig karge Region – im Negev und der Arava-Wüste gibt es nur sehr geringe Niederschläge – ausgesprochen reichhaltig. Nomadenstämme wie die Beduinen sicherten sich traditionell ihre Lebensgrundlage durch Kamel- und Schafherden, ihre Esskultur beruhte auf den Tieren und Werkzeugen, die sie mit sich führen konnten. Dabei haben sie ihre Mahlzeiten anscheinend direkt aus dem Feuer

Die reiche Ernte im Süden ist vor allem dem Menschen und seinem Einfallsreichtum zu verdanken und weniger der Natur an sich.

Vorherige Seite, rechts: **Der Skorpions-Pass ist eine schmale und serpentinenreiche Steilpassage entlang der alten Straße, die Eilat und Be'er Scheva verbindet, etwas südlich von HaMakhtesh HaKatan und ungefähr 100 Kilometer südlich von Be'er Scheva. Der Pass war 1954 Teil der Hauptstraße zwischen Eilat und Zentralisrael.** Diese Seite: **Kinder werden schon früh mit der Bedeutung der Landwirtschaft vertraut gemacht, wie hier in den Gewächshäusern von Ronit Elazari, wo ökologischer Anbau betrieben wird – sie ist Lehrerin für Landwirtschaft an einer Vorschule.** Gegenüberliegende Seite: **Die ganzjährige üppige Pflanzenvielfalt sorgt für eine sehr abwechslungsreiche Küche.**

224 225

In der Siedlung Ein Yahav im Norden der Aravasenke gibt es sehr viele Gewächshäuser, in denen alle erdenklichen Tomatensorten mit einem großen Spektrum an Aromen und Farben angebaut werden.

MEIN NAME IST SHAKSHUKA ...

Wenn Tomaten sich aussuchen dürften, mit wem sie sich vermählen, dann würden sie – so glauben die Israelis gerne – vorzugsweise mit Eiern diese innige Verbindung eingehen. Diese wunderbare Kombination kommt in einem Gericht vor, das nicht nur die Israelis besonders schätzen, sondern das im gesamten Nahen Osten sehr beliebt ist. Die Frage, wer eigentlich die Shakshuka (Seite 254) erfunden hat, erhitzt seit Langem die Gemüter – die Türken, Tunesier, Marokkaner, Jemeniten und die Libyer reklamieren die Erfindung jeweils für sich. Eines ist jedoch sicher: Sie alle haben heute eine eigene Lieblingsversion. Dieses einfache Gericht – im Hebräischen bedeutet Shakshuka so viel wie „alles zusammengewürfelt" – kommt in ganz Israel auf den Tisch, in der kleinen häuslichen Küche ebenso wie in schicken Cafés. Es ist ein One-Pot-Rezept (es sollte also am besten heiß brutzelnd in der Pfanne serviert werden, in der es auch zubereitet wurde), das im Prinzip zu allem passt. Außerdem finden die reifen Tomaten, die vielleicht noch in der Küche herumliegen, hier eine großartige Verwendung.

hervorgezaubert. Obwohl viele Nomaden ihre Zelte in den letzten Jahren gegen dauerhafte Behausungen eingetauscht haben, sind die typischen Gerichte geblieben, vielleicht von den Kindern dem Zeitgeschmack angepasst oder für besondere Gelegenheiten genauso zubereitet wie schon von vielen Generationen zuvor.

In den Beduinendörfern bereiten die älteren Frauen auch heute noch die traditionelle Küche der Nomaden zu. Auf dem Sac, einer konvex gewölbten Metallplatte über dem offenen Feuer, wird das dünne Fladenbrot gebacken. Jamid ist ein sehr kräftiger Hartkäse, der im Frühling aus Ziegen- beziehungsweise Schafsmilch hergestellt und in der Sonne und der heißen Wüstenluft getrocknet wird. Die harten, nie gekühlten Käsewürfel werden das ganze Jahr über gegessen und vor dem Verzehr mit etwas Wasser befeuchtet. Bsissa ist eine uralte energiereiche Zwischenmahlzeit mit ausgeprägt rauchigem Aroma, die aus geröstetem, gemahlenem und mit Olivenöl, Wasser, Zucker und Salz vermischtem Getreide zubereitet wird. Wenn die umherziehenden Nomaden in der Vergangenheit nicht rasten konnten, um ein Feuer anzuzünden, griffen sie unterwegs auf die nahrhafte Bsissa zurück, um ihren Hunger zu stillen.

Die Beduinen aßen traditionellerweise nur wenig Fleisch, denn ihre Viehherden versorgten sie mit der lebensnotwendigen Milch und Wolle. Fleisch gab es zu besonderen Anlässen, an Feiertagen oder um einen Ehrengast zu bewirten. Wenn es jedoch zubereitet wurde, dann direkt in der Erde nach einer uralten Methode, die Matfuna genannt wird, im Arabischen bedeutet dies „vergraben". Die Vorgehensweise erinnert an ein Barbecue in den Südstaaten der USA: Die Beduinen nutzten dabei die niedrige und konstante Hitze eines verglimmenden Feuers, indem sie ein Erdloch gruben, ein Glutbett anlegten und ganze Lämmer, junge Ziegen oder Hühner darauf legten.

ÜBER DIE REGION / DER SÜDEN

Es sind häufig die Wüsten im Süden des Landes, die man spontan mit Israel assoziiert, jene stillen und alles überdauernden Landschaften, gesprenkelt mit den Zelten der Nomaden, den Überresten antiker Städte und einigen der frühesten Siedlungen Israels.

Im Shivta National Park finden sich die Überreste einer byzantinischen Stadt – sie war im Mittelalter ein florierendes Zentrum der Weinproduktion.

Wie ihren nabatäischen Vorfahren gelingt es auch den wenigen Tausend Bauern, die noch im Negev Ackerbau betreiben, dieser Trockenzone durch eine innovative, moderne Landwirtschaft eine reiche Ernte abzugewinnen.

Diese Seite: **Der Landwirt Yaacov Schlecht überprüft, ob seine Erdbeeren schon die nötige Reife haben.** Gegenüberliegende Seite: **In Treibhäusern wie diesem kommt hochmoderne Technologie zum Einsatz, um die Erträge zu verbessern und die Wachstumsperioden zu verlängern.**

LUST AUF ERDBEEREN?

Erdbeeren sind robuste Kulturpflanzen, die jedes Jahr zuverlässig gute Ernten liefern, daher zählen sie zu den bedeutendsten Exportgütern Israels. Allerdings bekommen sie nun Konkurrenz, da zunehmend auch Farmer in Ägypten, Marokko und sogar im Gaza-Streifen Erdbeeren anbauen, um den großen Erdbeerhunger des Weltmarktes zu stillen. Israel bleibt durch die Einführung neuer Technologien jedoch Vorreiter. Diese erlauben eine Verlängerung der Wachstumsperiode der Erdbeeren, sie können dank spezieller High-Tech-Einrichtungen (wie den hängenden Erdbeeranpflanzungen auf dieser Seite) unter Umständen sogar ganzjährig geerntet werden.

Das Ganze wurde mit glühender Asche und Sand bedeckt und sich selbst überlassen, während sie ihren alltäglichen Verrichtungen nachgingen. Wenn sie einige Stunden später zurückkehrten, um den Schatz aufzudecken, war das bereits vom Knochen fallende Fleisch wunderbar zart und saftig und hatte ein unvergleichlich rauchiges Aroma.

Ackerbau und Handel waren über viele Jahrhunderte ebenfalls eine wichtige wirtschaftliche Grundlage in dieser Region. Vor zwei Jahrtausenden lebten Zehntausende Bauern im Negev und legten hier trotz des trockenen Klimas Weinkulturen und Obstplantagen an. Die Nabatäer waren bekannt für ihre Kamelkarawanen, mit denen sie die Weihrauchstraße von Südarabien durch Petra und bis zum Hafen von Gaza entlangzogen. Im Gepäck hatten sie Weihrauchpflanzen und Myrrhe, Pfirsiche und Ingwer, Pfeffer, indische Seide sowie exotische Gewürze aus Afrika.

Nach der römischen Eroberung entwickelten sich die Festungen und Handelsstationen entlang der Weihrauchstraße zu richtigen Städten. Durch ihre raffinierte Bewässerungstechnik gelang es den Nabatäern, in einer Region mit nur äußerst geringen Niederschlägen fruchtbare Felder und Plantagen anzulegen. Sie fingen den Winterregen und abfließende Niederschläge auf und leiteten das Wasser in ein komplexes System aus Terrassen, kleinen Dämmen und Kanälen und von dort auf kleine Anbauflächen, wo die berühmten landwirtschaftlichen Erzeugnisse dieser Region wuchsen. Auf diese Weise schufen

Durch ihre raffinierte Bewässerungstechnik gelang es den Nabatäern, in einer Region mit nur äußerst geringen Niederschlägen fruchtbare Felder und Plantagen anzulegen.

sie inmitten der Wüste üppige grüne Oasen, in denen Weizen, Gerste, Feigen und Obstbäume gediehen, aber auch Trauben und Oliven, aus denen Olivenöl gewonnen wurde. Diese künstlich erzeugte Fülle verlieh den Gerichten, die sie auf den Tisch brachten, ihre Farbenvielfalt und ihren Wohlgeschmack. Die Ernte ist hier vor allem dem Geschick und dem Einfallsreichtum des Menschen und weniger der Natur an sich zu verdanken.

Wie ihren nabatäischen Vorfahren gelingt es auch den wenigen Tausend Bauern, die heute noch im Negev Ackerbau betreiben, dieser Trockenzone eine reiche Ernte abzugewinnen. Ihre hoch entwickelte moderne Form der Landwirtschaft lässt Rebstöcke neben Olivenbäumen wachsen, während die daneben grasenden Schafe für die Milch sorgen, aus der ein kräftiger, salziger und krümeliger Hartkäse hergestellt wird. Dank des beinahe endlosen Sommers in dieser Landschaft reifen die Früchte und das Gemüse auf den Feldern und in den Gewächshäusern der Arava-Wüste besonders gut. Die regional angebauten Auberginen, Melonen und Datteln sind in der ganzen Welt bekannt, allerdings dürften es wohl die vielen alten und auch modernen Paprika- und Tomatensorten sein, die besondere Berühmtheit genießen. Vor dreihundert Jahren kaum verbreitet, sind sie heute unverzichtbare Komponenten sowohl der neuen israelischen, als auch jeder anderen regionalen mediterranen Küche. Die köstlichen Tomaten und

Oben: **Die farbenprächtige Vegetation ist erstaunlich, wie zum Beispiel hier auf einer Wüstenfarm in der Nähe der antiken Stadt Shivta.** Oben rechts: **Ausblick in die Wüste.** Unten rechts: **Eine Beduinenfrau bei der Zubereitung einer Mahlzeit.**

Eine einfache und traditionelle Mittagsmahlzeit aus Fladenbrot, Hummus mit Pinienkernen und Falafel schmeckt gut und ist nahrhaft.

Der Süden gedeiht, was nur belegt, dass die unterschiedlichsten Kulturen Seite an Seite existieren und allein geringe Wassermengen in den trockensten Landstrichen Wunder bewirken können.

Der Negev und die Arava-Wüste halten für eine solch offenkundig karge Region ausgesprochen reichhaltige Geheimnisse bereit.

Links: Bauer und Käsehersteller Daniel Kornmehl zeigt stolz das fertige Produkt – einen runden, sehr würzigen Hartkäse aus Ziegenmilch mit Rinde.

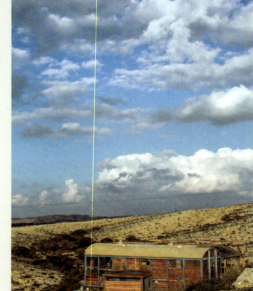

Paprika werden aus der Arava-Wüste in den schmalen Küstenstreifen im Süden Israels und nach Aschdod und Aschkelon transportiert, zwei Küstenstädte mit einer hohen Einwohnerzahl nordafrikanischer Juden, die in den 1950er- und 1960er-Jahren nach Israel gekommen sind.

In den Häusern und Restaurants dieser beiden Städte kommen so althergebrachte Köstlichkeiten wie Shakshuka (Seite 254), pikanter Fisch mit Tomaten- und Paprikasauce, tunesische Sandwiches (Seite 252) und festliche Couscous-Gerichte (siehe Seite 268) auf den Tisch. In der Zubereitung sowie beim Verzehr wird die traditionelle Bedeutung und die Geschmacksvielfalt hoch geschätzt. Die Wüsten, Städte und Nomadengemeinden des Südens florieren und beweisen, dass auch die unterschiedlichsten Kulturen Seite an Seite existieren und allein geringe Wassermengen in den trockensten Landstrichen Wunder bewirken können.

Frei laufende, weidende Ziegen liefern Milch, die wertvolle und wesentliche Grundzutat bei der Käseherstellung.

REZEPTE
DER SÜDEN

AROMEN DER WÜSTE

240	SALAT AUS VERSCHIEDENEN TOMATEN
242	SALAT MIT MELONE, ZIEGENKÄSE UND MINZE
244	WARMER KARTOFFELSALAT MIT GRÜNEN BOHNEN UND OLIVEN
246	SALAT MIT RAUKE UND ROHEN ARTISCHOCKEN
248	MARINIERTE AUBERGINE
250	IN ÖL EINGELEGTER ECHTER BONITO
252	TUNESISCHER SALAT MIT EINGELEGTEM FISCH
254	SHAKSHUKA MIT AUBERGINE
256	ISRAELISCHE RATATOUILLE
258	FALAFEL
260	GETROCKNETE SAUBOHNEN NACH ÄGYPTISCHER ART
262	SUPPE MIT FISCH UND MEERESFRÜCHTEN
264	GEGRILLTE SARDINEN MIT HARISSA
266	GEDÄMPFTE FISCHFILETS MIT EINER SAUCE AUS GELBEN TOMATEN
268	COUSCOUS MIT GETROCKNETEN FRÜCHTEN
270	GEBRATENES HUHN MIT KNOBLAUCH UND KARTOFFELN
272	KEBAB-SPIESSE
274	LANGSAM GEBRATENE RINDSSCHULTER MIT ZWIEBELN
274	MIT MARZIPAN GEFÜLLTE DATTELN
278	SANDTEIGGEBÄCK
280	OBSTSALAT MIT ZITRONENVERBENENSIRUP

Rezepte aus dem Süden beruhen auf absolut frisch geernteten Früchten und Gemüsen, die gegrillt, eingelegt, gebraten oder mariniert werden, um ihre Aromen zu unterstreichen – oder sie werden einfach hauchdünn geschnitten und entfalten auf diese Weise ihren rohen Charme. Daneben werden Fleisch, Geflügel und Fisch serviert und natürlich die Shakshuka, die besonders gerne zum Frühstück gegessen wird, sowie die allgegenwärtigen Falafeln und Kebab-Spieße.

Die Zutaten für dieses Kräuteromelett (Seite 178) stammen aus dem Gewächshaus von Ronit Elazari in der Arava-Wüste.

LEVEL: EINFACH

FÜR 8 PERSONEN

SALAT AUS VERSCHIEDENEN TOMATEN

Kaum etwas ist so delikat wie sonnengereifte Tomaten. In diesem Salat zeigt sich die beliebte Frucht (sie wird irrtümlicherweise häufig als Gemüse bezeichnet) von ihrer besten Seite. Die Verwendung der frischen Tomaten mit ihrem natürlichen Aroma und der gerösteten Tomaten mit ihrer konzentrierten Süße sorgt hier für einen raffinierten und perfekten Zusammenklang. Der Käse aus Schafsmilch sorgt für den notwendigen Kontrast.

ZUTATEN

150 g rote Kirschtomaten
1 Teelöffel feinkörniges Salz
½ Teelöffel frisch gemahlener schwarzer Pfeffer
6 große reife Tomaten
150 g gelbe Kirschtomaten
4 Esslöffel natives Olivenöl extra
2 Esslöffel Granatapfelkonzentrat
1 Handvoll Basilikumblätter, in Streifen geschnitten
1 Handvoll Oreganoblätter
30 g Fetakäse aus Schafsmilch, grob gerieben

ZUBEREITUNG

Den Backofen auf 250 °C vorheizen.
Ein Bratblech mit Backpapier auslegen. Die roten Kirschtomaten halbieren und mit der geschnittenen Seite nach oben auf dem Blech arrangieren. Die Tomaten mit der Hälfte der angegebenen Menge an Salz und Pfeffer würzen und für 12 bis 14 Minuten rösten, bis sie goldbraun sind.
Inzwischen die großen Tomaten in jeweils 8 Scheiben zerteilen und die gelben Kirschtomaten halbieren. In einer großen Schüssel vermengen. Olivenöl, restliches Salz und Pfeffer sowie Granatapfelkonzentrat dazugeben und gut vermischen.
Die Mischung in eine große Servierschüssel geben und die gerösteten Tomaten zusammen mit dem durch das Rösten entstandenen Saft hinzufügen.
Basilikum und Oregano hinzufügen, mit geriebenem Fetakäse bestreuen und servieren.

LEVEL: EINFACH
FÜR 4 PERSONEN

SALAT MIT MELONE, ZIEGENKÄSE UND MINZE

Auf den ersten Blick sieht dies vielleicht wie ein Gurkensalat aus, und der Vergleich wäre gar nicht so weit hergeholt. Gurken und Melonen sind entfernte Verwandte, ihr festes Fleisch hat die gleiche milde Süße und einen ähnlich grünlichen Schimmer. Hier sorgen der Zitronensaft und die Zitronenverbene für Aroma und einen Hauch von Säure, der Käse aus Ziegen- oder Schafsmilch liefert einen angenehm würzigen Kontrast und die Chili rundet das Ganze mit ihrer Schärfe ab.

ZUTATEN

- 1 kleine Honigmelone, in 1 cm große Würfel geschnitten
- 1 Handvoll fein gehackte frische Minzblätter
- ½ Teelöffel abgeriebene Zitronenschale
- ½ Teelöffel fein gehackte rote Anaheim-Chili, entkernt
- 1 Esslöffel frisch gepresster Zitronensaft
- ½ Teelöffel fein gehackte Zitronenverbene
- 2 Esslöffel natives Olivenöl extra, zusätzlich 1 großer Esslöffel zum Beträufeln
- ½ Teelöffel grobkörniges Meersalz
- 200 g geriebener Ziegenhartkäse oder griechischer Feta aus Schafsmilch

ZUBEREITUNG

Außer dem Käse alle Zutaten in eine große Servierschüssel geben. Vorsichtig mit den Händen durchmischen und darauf achten, dass die Melonenwürfel nicht zerfallen.
Den Käse darüber streuen und mit einem großen Esslöffel Olivenöl beträufeln und servieren.

LEVEL: EINFACH
FÜR 4 PERSONEN

WARMER KARTOFFEL-SALAT MIT GRÜNEN BOHNEN UND OLIVEN

Dieses Gericht beruht auf einigen Komponenten des klassischen mediterranen Nizza-Salats – genau genommen den besten Komponenten –, allerdings werden die Zutaten hier nicht zum Garnieren verwendet, sondern alleine serviert. Das Resultat ist eine wohltuende und köstliche Mahlzeit, die beim ersten Bissen gleichermaßen vertraut wie ungewöhnlich schmeckt. Das Gericht kann gut mit einer Auswahl von anderen Vorspeisen serviert werden, ist aber auch ganz für sich ein Hochgenuss.

ZUTATEN

400 g kleine Kartoffeln, geschält und der Länge nach halbiert
2 Esslöffel Olivenöl
½ Teelöffel grobkörniges Salz, zusätzlich 1 Esslöffel zum Kochen
½ Teelöffel frisch gemahlener schwarzer Pfeffer
400 g frische grüne Bohnen, geputzt

Dressing
1 Esslöffel Dijon-Senf
3 Esslöffel Olivenöl
1 Esslöffel Granatapfelkonzentrat
1 Esslöffel frisch gepresster Zitronensaft
1 Handvoll Thymianblätter
½ Bund gehackte frische Petersilie
½ Teelöffel feines Salz
½ Teelöffel frisch gemahlener schwarzer Pfeffer
100 g Kalamata-Oliven, entsteint

ZUBEREITUNG

Ofen auf 220 °C vorheizen.
Ein Bratblech mit Backpapier auslegen.
Die Kartoffeln mit der geschnittenen Seite nach oben auf dem Blech arrangieren. Mit Olivenöl beträufeln und mit Salz und gemahlenem Pfeffer bestreuen.
25 bis 30 Minuten rösten, bis die Kartoffeln eine goldbraune Farbe angenommen haben und beim Einstechen mit einer Gabel weich genug sind. Inzwischen eine mittelgroße Schüssel mit eiskaltem Wasser füllen.
In einen großen Topf 2 l Wasser und einen Esslöffel grobkörniges Salz geben und zum Kochen bringen. Die Bohnen hinzufügen und 7 bis 8 Minuten kochen lassen, sodass sie noch etwas Biss haben. Mit einem Sieblöffel herausnehmen und für 5 Minuten in Eiswasser abschrecken.
Außer den Oliven alle Zutaten für das Dressing in ein Gefäß füllen, verschließen und gut schütteln, bis es eine gleichmäßige Konsistenz hat.
Die Kartoffeln, grünen Bohnen und Oliven in einer großen Servierschüssel vermischen, das Dressing darübergießen, aber nur leicht unterheben, damit die Kartoffeln nicht zerfallen, und servieren.

LEVEL: MITTEL
FÜR 4 PERSONEN

SALAT MIT RAUKE UND ROHEN ARTISCHOCKEN

Die Artischocke ist eine sehr beliebte Zutat in der jüdischen Küche Nordafrikas, allerdings wird sie hier vorzugsweise gekocht. Dass Artischocken auch roh gegessen werden können, mag zunächst überraschen, aber in feine Scheiben geschnitten sind sie nicht nur genießbar, sondern haben auch einen angenehmen Biss. Die leichte Süße und Bitterkeit im Geschmack passen wunderbar zu den Raukeblättern.

ZUTATEN

8 frische Artischocken
½ Zitrone
1 Teelöffel feines Salz
½ Teelöffel frische rote Anaheim-Chili, in Ringe geschnitten
Saft von 3 Zitronen
200 g Raukeblätter, gewaschen und getrocknet
3 Esslöffel natives Olivenöl extra
70 g geröstete Pinienkerne

ZUBEREITUNG

Vorbereitung der Artischocken
Jeweils eine Artischocke auf ein Schneidebrett legen und mit einem gezahnten Messer rundherum eine dünne Schicht abschneiden. Die Blätter fast alle abzupfen, bis das Herz der Artischocke sichtbar wird. Mit dem Messer das Artischockenherz vom Rest der Blätter befreien und den Stiel etwas einkürzen, sodass ein kleines Stück stehenbleibt. Eine Schüssel mit Wasser füllen und den Saft der halben Zitrone dazugeben. Die Artischockenherzen während der Vorbereitung nach und nach alle in das Wasser legen.

Zubereitung des Salats
Die Artischockenherzen in hauchdünne Scheiben schneiden (vorzugsweise mit einem Gemüsehobel) und mit Salz, Chili und Zitronensaft in eine Schüssel geben.
Vermischen und die Artischockenherzen eine Stunde marinieren. Eine Schicht Artischockenherzen auf einer Platte arrangieren und mit Raukeblättern bedecken. So lange wiederholen, bis die Platte vollständig ausgelegt ist.
Die Hälfte der Marinade mit dem Olivenöl in einem kleinen Gefäß vermischen und über den Salat gießen. Mit den Pinienkernen bestreuen und servieren.

LEVEL: EINFACH
FÜR 6 PERSONEN

MARINIERTE AUBERGINE

Dieses beliebte Auberginen-Rezept stammt eigentlich vom Balkan, hat sich aber zu einem festen Bestandteil der israelischen Küche entwickelt. Als einfaches, aber bestechendes Gericht passt es hervorragend zu jeder Mezze-Platte (zum Beispiel in Verbindung mit Klassikern wie Hummus, Falafel oder gefüllten Weinblättern). Als Beilage zu Fleisch- und Fischgerichten kann es durchaus den Hauptgang in den Schatten stellen.

ZUTATEN

- 3 große Auberginen
- 3 Esslöffel Olivenöl
- 1 Teelöffel grobkörniges Salz
- 1 Teelöffel frisch gemahlener schwarzer Pfeffer

Marinade
- 2 Esslöffel Olivenöl
- 1 Esslöffel Honig
- 3 Esslöffel roter Weinessig
- 1 Handvoll gehackte frische Petersilie
- 1 Handvoll Thymianblätter
- 3 Knoblauchzehen, in Scheiben geschnitten
- 1 Teelöffel feinkörniges Salz
- ½ Teelöffel fein gehackte frische grüne Anaheim-Chili, entkernt

ZUBEREITUNG

Den Backofen auf 220 °C vorheizen.
Ein Bratblech mit Backpapier auslegen.
Die Auberginen in 1 cm dicke Scheiben schneiden und auf dem vorbereiteten Blech auslegen.
Olivenöl über die Auberginenscheiben träufeln und Auberginen mit Salz und Pfeffer würzen.
20 bis 25 Minuten rösten, bis die Auberginen weich und goldbraun sind.
Inzwischen alle Zutaten der Marinade gründlich vermischen.
Die Auberginen in einem tiefen Teller anrichten.
Die Marinade darübergeben, den Teller abdecken und für mindestens 2 Stunden, idealerweise aber 6 Stunden marinieren.
In eine Servierschüssel umfüllen, nach Belieben mit zusätzlicher Petersilie bestreuen und servieren.

LEVEL: MITTEL
FÜR 4 PERSONEN

IN ÖL EINGELEGTER ECHTER BONITO

Die Zubereitungsmethode für dieses Gericht ist seit Jahrhunderten in der Mittelmeerküche beliebt. Sie dient vor allem der Haltbarmachung von frischem Fisch. Der in Öl konservierte Fisch kann dann in kleinen Stücken als Vorspeise gereicht oder in Salaten oder Sandwiches verwendet werden. Gekühlt und mit Öl bedeckt bleibt der Bonito einige Wochen lang haltbar. Das Öl kann später gefiltert und wieder verwendet werden.

ZUTATEN

- 1 Echter Bonito mit einem Gewicht von ca. 1 kg, entlang der Mittelgräte in 4 bis 5 cm dicke Scheiben geschnitten, oder mehrere kleinere Fische
- 2 l natives Olivenöl extra
- 1 Streifen einer Zitronenschale
- ½ Teelöffel Piment
- 1 Esslöffel grobkörniges Meersalz

ZUBEREITUNG

Fisch in eine große flache Kasserolle legen. Das Olivenöl darübergießen, die Zitronenschale, Piment und das Salz hinzufügen.
Die Kasserolle abdecken und den Fisch auf dem Herd auf kleinster Stufe 50 Minuten köcheln lassen.
Auf Zimmertemperatur abkühlen lassen.
In einen geeigneten Behälter umfüllen. Im Kühlschrank und mit Öl bedeckt hält sich der Fisch mehrere Wochen.

LEVEL: MITTEL
FÜR 4 PERSONEN

TUNESISCHER SALAT MIT EINGELEGTEM FISCH

Dieses herrliche Gericht aus Kartoffeln, eingelegtem Fisch und eingemachten Zitronen sowie Kapern ist eine Spezialität der tunesischen Juden. Es ist eine ungewöhnliche Geschmackskomposition und ein salziges und herzhaftes Loblied auf das Meer. Ursprünglich wurden die Zutaten vermischt und dann zwischen zwei Scheiben Brot wie ein Sandwich serviert – Street Food, das tatsächlich auch als tunesisches Sandwich bezeichnet wird –, aber als Salat schmeckt es genauso gut.

ZUTATEN

4 große Kartoffeln, gewaschen und ungeschält
4 reife rote Tomaten
400 g eingelegter Echter Bonito (Seite 250)
2 hartgekochte Eier, geviertelt
1 kleine rote Zwiebel, in feine Scheiben geschnitten

Dressing
3 Esslöffel natives Olivenöl extra
2 Esslöffel fein gehackte eingelegte Zitronen (Seite 294)
2 Esslöffel frisch gepresster Zitronensaft
1 Teelöffel feines Salz
1 Teelöffel frisch gemahlener schwarzer Pfeffer
1 Teelöffel Harissa, zum Abschmecken (Seite 293)

1 Handvoll frische Petersilie, zum Garnieren

ZUBEREITUNG

Den Ofen auf 200 °C vorheizen.
Die Kartoffeln in Alufolie einwickeln und eine Stunde backen, dann aus dem Ofen nehmen und auf Zimmertemperatur abkühlen lassen.
Die Alufolie von den Kartoffeln entfernen, Kartoffeln schälen und in 3 cm große Würfel schneiden und auf einer großen Platte arrangieren.
Die Tomaten, die Eier und die Zwiebel schneiden und auf den Kartoffeln verteilen.
Dann die Fischfilets auf die Kartoffeln legen.
Olivenöl, eingelegte Zitrone, Zitronensaft, Salz und Pfeffer in einer kleinen Schüssel vermischen und über den Salat geben.
Bei Zimmertemperatur 30 Minuten ziehen lassen, damit sich die Aromen verbinden können. Mit Petersilie garnieren und servieren.

LEVEL: MITTEL
FÜR 4 PERSONEN

SHAKSHUKA MIT AUBERGINE

Jüdische Einwanderer aus Tunesien haben die Shakshuka – eine mit Tomaten und Eiern in der Pfanne zubereitete Spezialität – ursprünglich mitgebracht. Das Gericht hat sich schnell zu einem unentbehrlichen Teil der israelischen Kochkultur entwickelt. Während es neue Variationen mit Merguez-Würsten, Käse, Spinat, Zucchini oder Auberginen (wie in diesem Fall) im Überfluss gibt, isst man in Israel zum Frühstück gerne die klassische pikante Shakshuka mit Tomaten.

ZUTATEN

- 2 mittelgroße Auberginen
- 3 Esslöffel Olivenöl
- 1 rote Zwiebel, fein gehackt
- 4 Knoblauchzehen, zerdrückt
- 1 Esslöffel fein gehackte frische grüne Anaheim-Chili, entkernt
- 300 g rote Kirschtomaten, halbiert
- 1 Handvoll Thymianblätter
- 1 Teelöffel feines Salz
- 1 Teelöffel frisch gemahlener schwarzer Pfeffer
- 4 große Eier

ZUBEREITUNG

Die Grillfunktion des Backofens wählen und auf hoher Stufe vorheizen. Die Auberginen auf ein Bratblech legen und mehrmals mit einem feinen Messer anstechen, damit sie nicht platzen. Die Auberginen rösten, bis die Schale schwarz ist und das Innere weich.

Auf Zimmertemperatur abkühlen lassen.

Olivenöl in einer großen Pfanne erhitzen. Zwiebel, Knoblauch und Chili hinzufügen und leicht anbraten.

Tomaten und Thymian dazugeben und kochen, bis die Tomaten sehr weich sind.

Weitere 7 bis 8 Minuten kochen, bis die Sauce etwas eingedickt ist.

Inzwischen die Auberginen schälen und das Fleisch in 2 cm große Stücke schneiden.

Die Temperatur reduzieren und die Hälfte der Menge an Salz und Pfeffer hinzufügen und gut verrühren.

Die aufgeschlagenen Eier mit etwas Abstand zueinander direkt in die Pfanne geben.

Die Auberginenstücke zwischen den Eiern arrangieren und mit dem restlichen Salz und Pfeffer würzen. Bei niedriger Temperatur 7 bis 8 Minuten garen, bis das Eiweiß gestockt hat (das Eigelb sollte noch flüssig sein), und servieren.

LEVEL: MITTEL

FÜR 6 PERSONEN

ISRAELISCHE RATATOUILLE

Die Ratatouille ist ein im ganzen Mittelmeerraum – vor allem in Frankreich – beliebtes Gericht. Sie besticht auf geradezu elementare Weise durch die charakteristischen mediterranen Aromen und vereint Gemüsesorten, die jede für sich bereits köstlich sind, aber zusammen einfach unvergleichlich gut schmecken. Diese farbenfrohe und die Sinne ansprechende Variante basiert auf einer Auswahl von Gemüsen, die für die israelische und nahöstliche Küche besonders typisch sind.

ZUTATEN

1 Aubergine
1 rote Paprikaschote
1 grüne Paprikaschote
1 große Karotte, geschält
1 rote Zwiebel
3 Esslöffel Olivenöl
1 Esslöffel grobkörniges Salz
½ Esslöffel frisch gemahlener schwarzer Pfeffer

Sauce

3 Tomaten, mit einer Reibe grob geraspelt
1 Handvoll Thymianblätter
1 Knoblauchzehe, zerdrückt
1 Teelöffel Salz
½ Teelöffel fein gehackte Chilischote
2 Esslöffel Olivenöl

ZUBEREITUNG

Den Ofen auf 220 °C vorheizen.
Aubergine, Paprikaschoten, Karotte und Zwiebel in 1 cm große Würfel schneiden und jedes Gemüse in eine eigene Schale füllen.
In die Schale mit der Aubergine einen Esslöffel Olivenöl und in die anderen drei Schalen jeweils einen halben Esslöffel Olivenöl geben.
Alle mit Salz und Pfeffer würzen.
Ein Bratblech mit Backpapier auslegen.
Die einzelnen Gemüsesorten jeweils für sich auf dem Bratblech auslegen und rösten, bis sie weich und goldbraun sind (15 bis 18 Minuten für weiche und 20 bis 25 Minuten für festere Gemüsesorten).
Das geröstete Gemüse in eine Servierschüssel geben.
In einer anderen Schüssel die Zutaten für die Sauce gut vermischen.
Die Sauce über das Gemüse gießen und servieren.

LEVEL: MITTEL

FÜR 25 FALAFEL-BÄLLCHEN

FALAFEL

In Ägypten werden Falafeln aus Fava-Bohnen hergestellt, während in Großsyrien Kichererbsen verwendet werden. Sie werden häufig in Fladenbrot serviert und mit Salat und Tahin garniert. Die Israelis essen sie sogar mit Sauerkraut, eine außergewöhnliche, aber sehr schmackhafte Variante aus Osteuropa. Ganz egal wie sie zubereitet werden, diese kleinen frittierten Bällchen sind ein äußerst beliebtes Street Food – wenn es im heutigen Israel so etwas wie ein Nationalgericht gibt, dann ist es wahrscheinlich Falafel.

ZUTATEN

- 400 g getrocknete Kichererbsen
- 1 Teelöffel Backnatron
- 4 Knoblauchzehen
- 3 Esslöffel Semmelbrösel
- ½ Bund gehackte frische Petersilie
- ½ Bund Koriander
- 1 Handvoll Oreganoblätter
- 1 kleine Zwiebel, geschält und fein gehackt
- ½ Teelöffel süße Paprika
- ½ Teelöffel gemahlener Kreuzkümmel
- 1 Teelöffel Salz
- ½ Teelöffel frisch gemahlener schwarzer Pfeffer
- 1 l Öl zum Frittieren
- Vorbereitete Tahin-Sauce, nach Belieben (Seite 290)

ZUBEREITUNG

Die Kichererbsen über Nacht in einer Schüssel mit 2 l kaltem Wasser einweichen, in das zuvor das Backnatron eingerührt wurde.
Am nächsten Tag die Kichererbsen abgießen und in die Schüssel zurückgeben.
Einen Fleischwolf mit einer feinen Lochscheibe versehen.
Den Rest der Falafel-Zutaten zu den Kichererbsen geben – außer dem Öl und dem Tahin – und dann durch den Fleischwolf drehen.
Gut durchmischen und 30 Minuten in den Kühlschrank stellen.
Öl in einer tiefen Pfanne oder einem großen Topf stark erhitzen.
Aus der Masse 25 Bällchen in Tischtennisballgröße formen. Es hilft, wenn man die Hände immer wieder mit etwas Wasser anfeuchtet. Jeweils nur eine begrenzte Anzahl Falafeln frittieren, bis sie an die Oberfläche steigen und eine dunkle Bräunung angenommen haben.
Die Falafeln mit einem Sieblöffel herausnehmen und auf einem mit Küchenpapier ausgelegten Teller ablegen, sodass das überschüssige Fett aufgenommen wird.
Warm und am besten mit Tahin-Sauce servieren.

TIPP

Obwohl man mit einem Fleischwolf das beste Ergebnis erzielt, kann man auch eine Küchenmaschine benutzen. Man sollte die Maschine allerdings auf einer niedrigeren Funktionsstufe laufen lassen, damit die Masse nicht pappig wird.

LEVEL: MITTEL

FÜR 4 PERSONEN

GETROCKNETE SAUBOHNEN NACH ÄGYPTISCHER ART

Die Israelis lieben herzhaftes Frühstück – wie das Rezept für Shakshuka bereits verraten hat. Was in vielen anderen Kulturen ein Abendessen wäre, ist in dieser Region die erste Mahlzeit des Tages. Dieser schmackhafte Bohneneintopf ist im Nahen Osten eines der beliebtesten Gerichte zum Frühstück. Die hartgekochten Eier verleihen ihm Farbe und sorgen für das vertraute Frühstücksgefühl.

ZUTATEN

500 g getrocknete braune Saubohnen
½ Teelöffel Backpulver
4 hartgekochte Eier, ganz und ungeschält

Gewürze
60 ml natives Olivenöl extra
4 Knoblauchzehen, fein gehackt
3 Esslöffel frisch gepresster Zitronensaft
1 Teelöffel Salz
½ Teelöffel frisch gemahlener schwarzer Pfeffer
½ Teelöffel gemahlener Kreuzkümmel
1 bis 2 Esslöffel vorbereitetes Tahin, nach Belieben (Seite 290)

ZUBEREITUNG

Die Saubohnen über Nacht in 2 l kaltem Wasser einweichen, in das zuvor das Backpulver eingerührt wurde.
Am nächsten Morgen die Bohnen abgießen, in eine große Pfanne geben und so viel Wasser hinzugeben, dass es 3 cm über den Bohnen steht.
Die hartgekochten Eier hinzufügen und zum Kochen bringen.
Die Temperatur reduzieren und 2 Stunden köcheln lassen. Die Bohnen sollten sehr weich sein und fast zerfallen.
Falls notwendig, weitere 15 Minuten kochen.
Die Eier herausnehmen, schälen und zur Seite stellen.
Das Olivenöl in einer kleinen Pfanne erhitzen. Den Knoblauch hinzugeben und einige Sekunden anbraten, bis er weich zu werden beginnt.
Den Herd ausschalten und außer dem Tahin den Rest der Gewürzzutaten in die Pfanne geben.
Gut verrühren und über die Bohnen gießen.
Die Bohnen mit den Gewürzen vermischen und auf einer Platte anrichten.
Die Eier der Länge nach vierteln und darauf verteilen.

TIPP

Dieses Gericht schmeckt besonders gut, wenn man es mit Tahin beträufelt. In jeder Region wird das Tahin-Dressing etwas anders zubereitet, am einfachsten ist es jedoch, wenn man das Tahin mit Zitronensaft und Olivenöl vermischt, bis die gewünschte Konsistenz erreicht ist.

LEVEL: EINFACH
FÜR 4 PERSONEN

SUPPE MIT FISCH UND MEERES-FRÜCHTEN

Jedes Land am Mittelmeer kennt mindestens eine klassische Fischsuppe, in vielen Ländern gibt es sogar mehrere Varianten. Einige, wie die französische Bouillabaisse, sind ein wahrer Hochgenuss und erfreuen sich weltweit allergrößter Beliebtheit. Diese sehr oft anzutreffende israelische Variante, die auf Tomaten beruht, ist leicht, besitzt eine feine Würze und hat sicherlich beste Chancen, zur neuen Lieblingssuppe aufzusteigen.

ZUTATEN

1 Esslöffel Olivenöl
1 Zwiebel, fein gehackt
2 Knoblauchzehen, zerdrückt
1 Messerspitze Safran
1 Teelöffel feines Salz
1 l Fischfond (Seite 286)
120 ml Tomatensauce (Seite 293)
200 g Calamares, geputzt und in Ringe geschnitten
200 g weißes Fischfilet, in 4 cm große Würfel geschnitten
12 mittelgroße frische Shrimps mit Schwänzen

ZUBEREITUNG

In einer großen Pfanne Olivenöl, Zwiebel und Knoblauch kurz anbraten, bis sie leicht angebräunt sind.
Safran und Salz hinzufügen, rühren.
Fischfond und Tomatensauce dazugeben, nochmals rühren.
Zum Kochen bringen, dann bei niedriger Temperatur 15 Minuten köcheln.
Calamares und Fischfilets dazugeben, für 5 Minuten kochen, dann die Shrimps hinzufügen und nochmals 5 Minuten kochen.
Auf 4 Schalen verteilen und servieren.

LEVEL: EINFACH
FÜR 4 PERSONEN

GEGRILLTE SARDINEN MIT HARISSA

Harissa, ein auf frischen Chilis basierendes Würzmittel aus der nordafrikanischen Küche, hat im Verlauf der letzten zehn Jahre weltweite Bekanntheit erlangt. Es wird entweder als trockene Gewürzmischung oder als feurige Paste verwendet, die einem durchaus die Tränen in die Augen treiben kann. Von New York bis London verleiht man damit Eintöpfen, Fleisch und vegetarischen Gerichten eine besondere Geschmacksnote. Auch in diesem Fall verwandelt nur ein wenig Harissa das einfache Sardinen-Gericht auf erstaunliche Weise.

ZUTATEN

600 g kleine frische Sardinen, jeweils 80 bis 100 g
3 Esslöffel Harissa (Seite 293)
½ Teelöffel grobkörniges Salz
Saft einer Zitrone

ZUBEREITUNG

Die Sardinen auf einem flachen Teller arrangieren und von allen Seiten mit Harissa bestreichen.
Eine schwere Bratpfanne auf hohe Temperatur erhitzen.
Sobald die Pfanne glühend heiß ist, die Sardinen vorsichtig hineinlegen. Salzen und von beiden Seiten braten, bis sie goldbraun sind.
Die Sardinen auf einer Platte anrichten, den Zitronensaft darübergeben und servieren.

LEVEL: MITTEL
FÜR 4 PERSONEN

GEDÄMPFTE FISCHFILETS MIT EINER SAUCE AUS GELBEN TOMATEN

In den Gewächshäusern der Arava-Senke werden viele verschiedene Tomatensorten herangezogen und dann in die Küstenstädte Aschdod und Aschkelon transportiert, wo sie in den äußerst wohlschmeckenden Speisen der nordafrikanischen Juden Verwendung finden. Bei dieser einfachen Variante wird der weiße Fisch mit der Süße und Säure der frischen Tomaten verpaart. Sie verleihen dem Gericht eine besonders schöne Farbe und das wunderbare Aroma, für das diese Früchte so sehr geschätzt werden.

ZUTATEN

Sauce
3 Esslöffel natives Olivenöl extra, zusätzlich etwas für das Dämpfen des Fischs
4 Knoblauchzehen, zerdrückt
1 Esslöffel fein gehackte frische grüne Anaheim-Chili, entkernt
450 g gelbe Kirschtomaten
1 Teelöffel grobkörniges Salz

Fisch
600 g weißes Fischfilet (wie Seezunge, Heilbutt, Wolfsbarsch oder Red Snapper), in Stücke geschnitten (je 50 g)
½ Teelöffel grobkörniges Meersalz
½ Teelöffel frisch gemahlener schwarzer Pfeffer
½ Bund frische Thymianblätter

ZUBEREITUNG

Das Olivenöl in einer mittelgroßen Pfanne erhitzen. Knoblauch und Chili hinzufügen und goldbraun anbraten.
Tomaten und Salz hinzufügen und auf mittlerer Flamme kochen, bis die Tomaten ihren Saft abgeben.
Temperatur reduzieren und 10 Minuten köcheln lassen.
Die Tomaten in ein feinmaschiges Sieb geben, welches über einer Schüssel platziert wird, und mit einem Holzlöffel die Flüssigkeit aus ihnen herausdrücken. Die im Sieb zurückgebliebenen Schalen und Kerne wegwerfen. Anschließend die Tomatensauce in einen kleinen Topf geben und bei niedriger Hitze so lange kochen, bis sie leicht eingedickt ist.
Inzwischen den Fisch mit dem Olivenöl bestreichen, mit Salz und Pfeffer würzen und die Thymianblätter über die Filets geben.
Wasser in einem großen Topf erhitzen. Sobald es kocht, die Fischfilets in einen Dämpfeinsatz legen und diesen über dem dampfenden Wasser platzieren. 8 Minuten dämpfen.
Die warme Sauce auf eine Platte gießen, die Fischfilets darauf arrangieren und servieren.

TIPP

Falls kein Dampfgarer zur Hand ist, kann auch ein feinmaschiges, aber robustes Sieb verwendet werden.

LEVEL: MITTEL
FÜR 6 PERSONEN

COUSCOUS MIT GETROCKNETEN FRÜCHTEN

Der süße Couscous, mit Trockenfrüchten garniert und mit Zimt gewürzt, ist ein Vermächtnis der marokkanischen Juden. Während man süße Couscous-Gerichte nur gelegentlich in den jüdischen Gemeinden im Süden Marokkos findet, sind sie im Norden Marokkos – einer Region in der Nähe der Straße von Gibraltar, die einst unter spanischer Herrschaft stand – eine unverzichtbare Komponente der täglichen Küche.

ZUTATEN

- 600 g Rindfleisch, welches sich zum langsamen Garen eignet, wie Schulter oder Haxe
- 2 Esslöffel Olivenöl
- 1 Zwiebel, fein gehackt
- 3 Knoblauchzehen, zerdrückt
- 150 g Pflaumen, entkernt
- 150 g getrocknete Datteln
- 150 g getrocknete Aprikosen
- 2 Teelöffel Salz
- 1 Teelöffel frisch gemahlener schwarzer Pfeffer
- 1 Teelöffel Zimt
- 1½ l Rinderfond (Seite 289)
- 500 g Instant-Couscous, vorzugsweise marokkanischer
- 40 g grob gehackte geröstete Mandeln

ZUBEREITUNG

Das Rindfleisch in 4 cm große Würfel schneiden.
Das Olivenöl in einem Topf bei mittlerer Temperatur erhitzen und die Rindfleischwürfel von allen Seiten kurz anbraten. In eine Schüssel umfüllen, sobald sie eine gleichmäßige goldbraune Farbe angenommen haben.
Die Zwiebel und den Knoblauch in den Topf geben und anbraten, bis sie leicht angebräunt sind.
Das Rindfleisch wieder in den Topf geben.
Trockenfrüchte, Salz, Pfeffer, Zimt und Rinderfond hinzufügen und aufkochen.
Hitze reduzieren und für 3 Stunden auf geringster Stufe köcheln.
Wenn die Brühe zu sehr eindickt, eine halbe Tasse Wasser dazugeben.
Eine halbe Stunde vor Ende der Kochzeit einen Dämpfeinsatz auf den Topf stellen und den Couscous einfüllen. Abdecken und die letzten 30 Minuten dämpfen.
Den Couscous in eine Schüssel geben und gut mit einer Gabel verrühren, sodass sich etwaige Klümpchen auflösen.
Den Couscous auf einer Platte anrichten, die Brühe darübergießen, mit den gerösteten Mandeln garnieren und servieren.

LEVEL: MITTEL

FÜR 4 PERSONEN

GEBRATENES HUHN MIT KNOBLAUCH UND KARTOFFELN

Es gibt kaum etwas Köstlicheres als ein ganzes gebratenes Huhn, das frisch aus dem Backofen kommt. In diesem Rezept darf die Zitrone dabei ihr ganzes Potenzial entfalten. Zunächst werden die Zitronenhälften vor dem Braten in das Huhn gegeben und später zusammen mit der Sauce püriert, deren Grundlage Kartoffeln bilden. Auch wenn das Huhn in Stücken serviert werden soll, sollten Sie Ihren Gästen den verlockenden Anblick des ganzen Huhns keinesfalls vorenthalten.

ZUTATEN

- 8 Kartoffeln, längs in jeweils sechs Spalten geschnitten
- 8 Knoblauchzehen, geschält
- 1 Zwiebel, geachtelt
- 1 Zitrone, halbiert
- 1 großes Huhn
- Natives Olivenöl extra zum Braten
- 1 Prise grobkörniges Meersalz
- 1 Prise frisch gemahlener schwarzer Pfeffer

Sauce
- 1 große Kartoffel, gewaschen und ungeschält
- 6 Knoblauchzehen
- 2 Esslöffel frisch gepresster Zitronensaft
- ½ Teelöffel Zitronenschale
- 1 Teelöffel Meersalz
- 1 Teelöffel süßes Paprikapulver
- 120 ml natives Olivenöl extra

ZUBEREITUNG

Backofen auf 160 °C vorheizen.
Die Kartoffelspalten, Knoblauchzehen und Zwiebelstücke auf einem Bratblech arrangieren, die Zwiebeln in der Mitte.
Beide Zitronenhälften in die Körperhöhlung des Huhns geben und es dann auf die auf dem Bratblech ausgelegten Zwiebeln legen.
Das Huhn mit etwas Olivenöl bestreichen, mit Salz und Pfeffer würzen und das Bratblech anschließend mit einer doppelten Schicht Alufolie abdecken.
3 Stunden im Backofen braten.
Inzwischen die große Kartoffel in Alufolie einwickeln und neben dem Bratblech mit dem Huhn bei gleicher Temperatur backen, bis sie weich ist.
Die Kartoffel auf Zimmertemperatur abkühlen lassen, längs halbieren, schälen und mit dem Knoblauch, dem Zitronensaft, der Zitronenschale, Salz und Paprikapulver in eine Küchenmaschine geben. Während des Pürierens nach und nach etwas Olivenöl dazugeben.
So lange pürieren, bis die Masse eine ähnliche Konsistenz wie Mayonnaise hat, dann in den Kühlschrank stellen.
Nach dem dreistündigen Bratvorgang die Alufolie vom Bratblech abnehmen und für weitere 20 Minuten braten, bis das Huhn eine goldbraune Farbe angenommen hat.
15 Minuten abkühlen lassen und dann mit der Sauce servieren.

LEVEL: MITTEL

FÜR 4 PERSONEN

KEBAB-SPIESSE

Kebab-Spieße werden überall im Nahen Osten, in Zentralasien und auf dem Balkan gegessen. Jede Region hat ihre eigenen Rezepte – alleine in Israel gibt es zahlreiche Abwandlungen, vom syrischen Aleppo-Kebab bis zu den Versionen aus dem Irak, aus Rumänien oder der Türkei. Hat man sich mit dem Grundprinzip erst vertraut gemacht, lässt sich auch mit neuen Variationen experimentieren – eigentlich kann man kaum etwas falsch machen.

ZUTATEN

500 g Kalbshackfleisch
100 g gehacktes Lammfett
1 Handvoll gehackte frische Petersilie
1 Zwiebel, fein gehackt
½ Esslöffel Kreuzkümmel
½ Esslöffel frisch gemahlener schwarzer Pfeffer
1 Esslöffel grobkörniges Salz
60 ml Sodawasser

ZUBEREITUNG

Die Zutaten in einer großen Schüssel vermischen und mit den Händen durchkneten.
Die Masse ist zunächst etwas klebrig, wird aber schnell glatt und formbar. Sobald sie die Konsistenz eines weichen Teiges hat, mit dem Kneten aufhören und für eine Stunde kalt stellen.
Die Masse in 12 Klopse aufteilen und jeweils einen Fleischklops auf einen Spieß aufstecken und dann um diesen herum zu einer länglichen (15 cm langen) Wurst verdrehen und formen.
Eine schwere Bratpfanne bzw. den Grill erhitzen und die Kebab-Spieße von allen Seiten gut braten.
Heiß und vorzugsweise mit einem Salat aus gewürfeltem Gemüse mit Tahin-Dressing (Seite 260) servieren.

LEVEL: KOMPLEX
FÜR 6 PERSONEN

LANGSAM GEBRATENE RINDSSCHULTER MIT ZWIEBELN

Langsam gebratenes Rindfleisch hat in der Küche der Aschkenasim eine ebenso große Bedeutung wie Hühnersuppe – es hat einen wunderbaren Geschmack und ruft Erinnerungen an die großmütterlichen Kochkünste wach. Das Gericht mag aufwendig erscheinen, allerdings besteht der größte Teil der Zubereitungszeit aus dem Braten an sich. Während das Fleisch im Ofen langsam gart, lassen sich daher gut andere Beilagen vorbereiten – und auf die sollte man in diesem Fall nicht verzichten.

ZUTATEN

2 Esslöffel Olivenöl
5 Knoblauchzehen, zerdrückt
2 Esslöffel brauner Zucker
4 Zwiebeln, in 1 cm dicke Scheiben geschnitten
1 Teelöffel grobkörniges Salz
2 Teelöffel frisch gemahlener schwarzer Pfeffer
2 kg Rindsschulter (vorzugsweise Kalb)
1 l Rinderfond (Seite 289)

ZUBEREITUNG

Ofen auf 180 °C vorheizen.
Olivenöl in einem feuerfesten gusseisernen Topf erhitzen.
Knoblauch und Zucker hineingeben und warten, bis sich der Zucker aufgelöst hat.
Zwiebeln, Salz und Pfeffer hinzufügen und gut umrühren.
Die Zwiebeln anschwitzen, bis sie weich und leicht goldbraun sind.
Die Rindsschulter auf die Zwiebeln legen und den Fond darüber gießen.
Zum Kochen bringen und dann vom Herd nehmen.
Den Topf abdecken und im Backofen eine Stunde braten.
Die Rindsschulter drehen und nochmals eine Stunde braten.
Mit einem großen Löffel oder einer Schöpfkelle die Flüssigkeit über das Fleisch gießen.
Den Topf wieder abdecken und den Bratvorgang fortsetzen.
Das Fleisch alle 10 Minuten noch insgesamt sechsmal begießen, bis die Bratzeit von 3 Stunden erreicht ist.
Den Topf aus dem Ofen nehmen und 40 Minuten lang abkühlen lassen.
Die Rindsschulter vorsichtig auf ein Schneidbrett legen und mit einem scharfen Messer in ½ cm dicke Scheiben schneiden.
Die Scheiben auf einer tiefen Platte anrichten, den Saft des Rindfleisches in einem Topf erhitzen und darüber gießen.
Sehr heiß servieren.

LEVEL: MITTEL

ERGIBT 20 GE-
FÜLLTE DATTELN

MIT MARZIPAN GEFÜLLTE DATTELN

Diese kleinen Köstlichkeiten werden gerne von den marokkanischen Juden an Feiertagen oder zu besonderen Anlässen als Dessert serviert. Die kleine und bescheidene Frucht ist mit ihrem nicht zu unterschätzenden Potenzial vielleicht der größte Exportschlager Israels, da sie überall im Land wächst. Das Ergebnis dieser einfachen Kombination von Aromen (Datteln, Marzipan, Walnüsse) ist viel mehr als die Summe ihrer Einzelteile.

ZUTATEN

Marzipan
250 g blanchierte gemahlene Mandeln
200 g Puderzucker
3 Tropfen Mandelextrakt
1 Teelöffel frisch gepresster Zitronensaft

20 Medjool-Datteln, auf einer Seite eingeschnitten und entkernt
20 Walnusshälften

ZUBEREITUNG

Alle Zutaten für das Marzipan in eine Küchenmaschine geben und 10 Minuten zerkleinern und rühren, bis eine glatte Masse entsteht, die einem festen Teig ähnelt.
Die Masse in 20 gleich große Kugeln unterteilen und diese zu länglichen Rollen formen – ungefähr in der Länge einer Dattel – und in die Datteln einlegen. Anschließend auf den Datteln jeweils eine Walnuss platzieren.
Die Datteln können sofort serviert oder bis zu drei Tage in einem luftdichten Behälter aufbewahrt werden.

| LEVEL: EINFACH |
| ERGIBT 20 KEKSE |

SANDTEIGGEBÄCK

Nordafrikanische Juden haben diese süßen Kekse nach Israel „importiert". Obwohl sie eine krümelige Konsistenz haben, zergehen sie auf der Zunge und können als leichtes Dessert, kleiner Imbiss oder zu Tee oder Kaffee gereicht werden. Einige Tropfen Rosenwasser beziehungsweise Orangenblütenextrakt verleihen dem Teig ein schönes Aroma. Frisch aus dem Ofen können die Kekse mit feinem braunem Muscovado-Zucker bestreut werden.

ZUTATEN

200 g Butter, kalt
100 g Maisstärke
120 g Mehl
½ Teelöffel Backpulver
½ Teelöffel Salz
50 g Puderzucker
2 Esslöffel Milch

ZUBEREITUNG

Butter, Maisstärke, Mehl und Backpulver in einer Küchenmaschine verrühren, bis die Masse krümelig wird – es soll noch keine zusammenhängende Teigkugel entstehen.
Die restlichen Zutaten hinzufügen und rühren, bis sich der Teig verbindet, jedoch nicht länger als nötig.
Die Teigkugel in Frischhaltefolie wickeln und für 30 Minuten in den Kühlschrank stellen.
Den Backofen auf 170 °C vorheizen.
Ein Backblech mit Backpapier auslegen.
Den Teig in 20 gleich große Kugeln unterteilen und diese mit 3 cm Abstand zueinander auf dem Backblech verteilen.
20 Minuten backen, bis die Kekse goldbraun sind und leichte Risse aufweisen.
Vor dem Servieren 15 Minuten abkühlen lassen.
Die Kekse bleiben in einem luftdichten Behälter bis zu 3 Tage frisch.

LEVEL: MITTEL
FÜR 4 PERSONEN

OBSTSALAT MIT ZITRONENVERBENENSIRUP

Ein Obstsalat kann leicht als eine Art Verlegenheitslösung erscheinen und lässt den Gedanken aufkommen, dass der Koch eigentlich kein Dessert machen wollte oder die Gäste ausgesprochen gesundheitsbewusst sind. Aber die Verbindung der unvergleichlichen Aromen dieser frischen einheimischen Früchte mit ihren herrlichen Farben bildet die Krönung eines jeden Essens, und die unerwartete Geschmacksnote der Zitronenverbene ist alles andere als gewöhnlich.

ZUTATEN

Sirup
100 g Zucker
60 ml Wasser
1 Zweig frische Zitronenverbenenblätter
½ Teelöffel Zitronenschale

Obstsalat
200 g Erdbeeren
2 Dattelpflaumen
2 Orangen, filetiert und in Stücke geschnitten
Kerne von 1 Granatapfel
1 Handvoll Thymianblätter

ZUBEREITUNG

Alle Sirup-Zutaten in einen kleinen Topf geben. Kochen, bis sich der Zucker aufgelöst hat. Den Topf vom Herd nehmen und die Masse auf Zimmertemperatur abkühlen lassen.
Erdbeeren und Dattelpflaumen in 3 mm dicke Scheiben schneiden und in einer großen Servierschüssel vermengen.
Orangen, Granatapfelkerne und Thymianblätter hinzufügen und dann den Sirup darübergießen, vorsichtig umrühren und servieren.

GRUNDREZEPTE

GEWÜRZE, FONDS UND GRUND-ZUTATEN

286 GEMÜSEFOND
286 FISCHFOND
289 RINDERFOND
289 HÜHNERFOND
290 TAHIN-SAUCE
290 ZATAR-GEWÜRZMISCHUNG
293 BASISREZEPT TOMATENSAUCE
293 HARISSA
294 STARTERKULTUR FÜR SAUERTEIG
294 EINGELEGTE ZITRONEN

Ganz gleich ob Sie einfach gerne kochen oder ein professioneller Koch sind, viele Rezepte beginnen mit bestimmten Grundzutaten. Es sind kleine, bereits vorbereitete Ingredienzien, die zusammengenommen dann ein Gericht ergeben. Chefköche nennen dieses Bereitstellen der Zutaten auch manchmal Mise-en-Place. Durch die Zubereitung bestimmter Komponenten im Voraus ist der eigentliche Kochvorgang schneller, angenehmer und weniger hektisch. Außerdem sind selbst hergestellte Zutaten hochwertiger und aromatischer als Fertigprodukte, und nicht zuletzt kann man besonders stolz sein, wenn tatsächlich alle Zutaten einer Mahlzeit von Grund auf in der eigenen Küche hergestellt wurden.

Typisch für Rezepte aus dem Nahen Osten sind verschiedene Schichten von Texturen und Aromen, die einzelnen Komponenten beruhen dabei nicht selten auf mehreren unterschiedlichen Zubereitungsverfahren. Süß, salzig, sauer, erdig, nussig, scharf – alle diese Geschmacksrichtungen werden zu komplexen aromen- und farbenreichen Speisen verbunden. Nur wenn man seine Zutaten selbst vorbereitet, kann man ihre Qualität einschätzen und weiß, wie frisch sie sind und wie intensiv sie schmecken.

Die folgenden Gewürzmischungen, Fonds, Saucen und Beilagen sind für die nahöstliche Küche wesentlich. Zunächst empfiehlt es sich, sie streng nach

den Rezepten in diesem Buch zu verwenden, aber sobald Sie sich mit ihnen vertraut gemacht haben, können Sie wunderbar damit experimentieren.

Mit der eingelegten Zitrone kann beispielsweise dem Gemüsesalat aus Acre (Seite 38) ein frischer Kick verliehen werden, ebenso dem Spargelsalat mit Freekeh (Seite 40). Ihr intensiver süßsäuerlicher Geschmack passt im Prinzip zu allen Rezepten für Fleisch oder Fisch vom Grill, die in diesem Buch enthalten sind, beispielsweise zum gegrillten Zackenbarsch mit Weißwein, Butternusskürbis und Olivenöl (Seite 66) oder zu den Lamm-Spareribs mit Orangenmarinade (Seite 144).

Im Laden gekaufte fertige Gewürzmischungen und Pasten wie Harissa, Zatar und Baharat haben sich in den letzten Jahren hinsichtlich ihrer Qualität verbessert, aber es geht einfach nichts über ein Glas selbst gemachte Gewürzmischung im Küchenregal, dessen Etikett man überdies noch selbst gestaltet hat. Eine Prise davon veredelt einfach jedes aromatische Gericht. Mit Tahin-Sauce werden viele Mahlzeiten in diesem Buch beträufelt oder garniert, und die Tomatensauce ist natürlich die Basis der beliebten Shakshuka sowie vieler anderer Rezepte mit Gemüse, Fleisch oder Fisch.

Um jedoch das Aroma eines Gerichts zu unterstreichen, sind selbst gemachte Fonds unentbehrlich. Beim Blättern durch das Buch und die einzelnen Kapitel werden Sie feststellen, dass sie die Grundlage für Suppen bilden, aber auch eine geschmacklich wunderbare Grundlage für langsam gebratenen Lauchstangen, gekochte Linsen, Reis und Couscous, Fischeintöpfe oder sogar gedämpfte Teigtaschen sind. Auch die in Läden erhältlichen Fertigfonds sind mittlerweile raffinierter, aber es gibt einfach nichts Besseres als eine herrlich aromatische und gelatinereiche Brühe aus stundenlang gekochten Knochen, Wurzelgemüsen, Kräutern und Gewürzen. Die besten Fonds gibt es sozusagen umsonst, denn man kann alle möglichen Reste von anderen Mahlzeiten (Überbleibsel von gebratenem Hühnchen oder gegrilltem Fisch einfach mit Wasser aufgießen) verwerten oder den Metzger nach Rinderknochen fragen, die er ansonsten wegwerfen würde. Außerdem lassen sich Fonds sehr gut und lange aufbewahren. So können sie zum Beispiel in kleinen portionsgerechten Behältern eingefroren werden. Noch praktischer ist das Einfrieren von Fonds in Eiswürfelschalen, wenn man nur eine sehr geringe Menge benötigt – wie beispielsweise für die in der Pfanne gebratenen Meeresfrüchte (Seite 138) oder lediglich als Abrundung für Rezepte mit Gemüse oder Körnern.

Und wenn Ihnen das Thema Brot wichtig ist, sind sie sicherlich auch schon Bäckern begegnet, die darauf schwören, einen eigenen Sauerteigstarter anzusetzen. Sie sollten ihnen glauben. Für jeden, der sich daran erfreuen kann, einen Teig langsam zu rühren, zu kneten, gehen zu lassen und schließlich in Form zu bringen, gibt es kaum ein schöneres Abenteuer in der Küche als das Aufgehen und Gären der Starterkultur eines Sauerteiges. Eine solche Starterkultur zu pflegen ist eine verantwortungsvolle Aufgabe (es ist ein bisschen so, als hätte man ein Haustier). Aber sie beschert Broten und Bagels eine absolut bestechende Konsistenz und Dichte, die es einfach nicht zu kaufen gibt.

Es folgen einige grundlegende Zutaten der israelischen und palästinensischen Küche. Gutes Gelingen.

Um das Aroma eines Gerichts zu unterstreichen, sind selbstgemachte Fonds unentbehrlich.

Vorherige Seite: Hummus ist köstlich, aber er bleibt meistens doch nicht alleine. Gegenüberliegende Seite: **Sobald die Kichererbsen gekocht und püriert sind, werden sie mit einer großzügigen Menge Tahin verrührt. Und dann kann ein gutes Stück Brot in die Masse getunkt werden.**

GRUNDREZEPTE

LEVEL: EINFACH

ERGIBT 1½ LITER

GEMÜSEFOND

ZUTATEN

- 2 Esslöffel natives Olivenöl extra
- 2 Karotten, in 1 cm dicke Scheiben geschnitten
- 1 Zwiebel, fein gehackt
- 3 Knoblauchzehen, fein gehackt
- 2 Selleriestangen, in 1 cm dicke Scheiben geschnitten
- 1 Handvoll Thymianblätter
- 1 Handvoll gehackte frische Petersilie
- 1 Esslöffel grobkörniges Salz
- 1 l Wasser

ZUBEREITUNG

Das Olivenöl in einem breiten Topf erhitzen. Karotten, Zwiebel, Knoblauch, Sellerie, Thymian und Petersilie hinzufügen und bei hoher Temperatur anbraten, bis sie etwas weich sind.
Salz hinzufügen und weitere 2 Minuten braten.
Das Wasser in den Topf geben, zum Kochen bringen, dann die Temperatur reduzieren. 40 Minuten köcheln lassen, vom Herd nehmen und Fond in ein Glas oder anderen Behälter abgießen.
Der Fond kann in kleinen luftdichten Behältern oder für kleine vorportionierte Mengen in einer Eiswürfelschale eingefroren werden.

LEVEL: EINFACH

ERGIBT CA. 250–300 ML

FISCHFOND

ZUTATEN

- 1 kg Gräten von frischen Fischen
- 1 dünn geschnittene Karotte
- 1 Lauchstange, in Ringe geschnitten
- 1 Zwiebel, gehackt
- 3 Stängel Thymian
- 1 Teelöffel Salz
- 1 Teelöffel gehackte frische grüne Chilischote
- 1 Knoblauchknolle, halbiert
- 1 Glas Weißwein
- ½ Zitrone

ZUBEREITUNG

Die Fischgräten in einen großen Topf geben.
Gemüse, Salz, Chili, Knoblauch und Weißwein hinzufügen und zum Kochen bringen.
Wasser hinzugießen, bis das Gemüse 3 cm mit Wasser bedeckt ist.
Die Zitronenhälfte dazugeben und nochmals aufkochen.
Temperatur reduzieren und eine Stunde leicht köcheln lassen.
Den Fond in ein Glas oder anderen Behälter abgießen.
Der Fond kann in kleinen luftdichten Behältern oder für kleine vorportionierte Mengen in einer Eiswürfelschale eingefroren werden.

LEVEL: MITTEL
ERGIBT 1 LITER

RINDERFOND

ZUTATEN

500 g Rinderknochen
1 Zwiebel, in 6 Stücke geschnitten
3 Karotten, in 2 cm dicke Scheiben geschnitten
6 Knoblauchzehen, grob zerdrückt
1 Lauchstange, in 2 cm dicke Ringe geschnitten
500 ml Rotwein
10 Stängel Thymian
1 Esslöffel grobkörniges Salz
2 l Wasser

ZUBEREITUNG

Den Ofen auf 250 °C vorheizen.
Knochen, Zwiebelstücke, Karotten, Knoblauch und Lauch in einer schweren, ofenfesten Kasserolle 20 Minuten in den Backofen geben, bis sie goldbraun sind.
Die Kasserolle aus dem Ofen nehmen, auf den Herd stellen und hoch erhitzen.
Wein, Thymian und Salz hinzufügen und zum Kochen bringen.
Auf hoher Stufe 4 Minuten kochen.
Wasser dazugeben und nochmals aufkochen lassen.
Temperatur reduzieren, 2 Stunden köcheln lassen und dann abgießen.
Der Fond kann in kleinen luftdichten Behältern oder für kleine vorportionierte Mengen in einer Eiswürfelschale eingefroren werden.

LEVEL: EINFACH
ERGIBT 1 LITER

HÜHNERFOND

ZUTATEN

400 g Hühnerknochen
2 l Wasser
2 Karotten, in 1 cm dicke Scheiben geschnitten
1 Zwiebel, geschält und geviertelt
2 Selleriestangen, in 1 cm dicke Scheiben geschnitten
1 Esslöffel grobkörniges Salz

ZUBEREITUNG

Alle Zutaten in einen großen Topf geben und auf hoher Stufe zum Kochen bringen.
Die Temperatur reduzieren und eine Stunde köcheln lassen.
Den Fond in ein Glas oder anderen Behälter abgießen und abkühlen lassen.
Der Fond kann in kleinen luftdichten Behältern oder für kleine vorportionierte Mengen in einer Eiswürfelschale eingefroren werden.

LEVEL: EINFACH
ERGIBT CA. 480 ML

TAHIN-SAUCE

ZUTATEN

240 ml naturbelassene Tahin-Paste
Saft einer ½ Zitrone
1 Teelöffel Salz
240 ml kaltes Wasser

ZUBEREITUNG

Tahin-Paste, Zitronensaft, Salz und 160 ml kaltes Wasser in einer großen Schüssel verquirlen.
Den Rest des Wassers hinzugeben und gut verrühren, bis die Sauce glatt und geschmeidig ist.
Sollte sie zu dünn- oder dickflüssig sein, die Wassermenge entsprechend anpassen.

LEVEL: EINFACH
ERGIBT 120 ML

ZATAR-GEWÜRZMISCHUNG

ZUTATEN

2 Handvoll frische Zatar- (Ysop-) oder Oreganoblätter
1 Esslöffel Sumak
2 Esslöffel weiße Sesamsamen
½ Teelöffel Salz

ZUBEREITUNG

Die Ysop- oder Oreganoblätter auf einem mit Backpapier ausgelegten Backblech verteilen und bei 175 °C 30 Minuten in den Backofen geben.
Aus dem Ofen nehmen, die Blätter sehr fein hacken und gut mit den restlichen Zutaten vermischen.
In einem gut verschlossenen Gefäß aufbewahren.

LEVEL: EINFACH

ERGIBT GENUG
FÜR 350 G NUDELN

BASISREZEPT TOMATENSAUCE

ZUTATEN

- 3 Esslöffel natives Olivenöl extra
- 3 Knoblauchzehen, fein gehackt
- 1 Teelöffel gehackte frische grüne Chilischote, entkernt
- 1 kg gemischte Tomaten, grob gehackt, Stängel nicht entfernt (es lohnt sich, verschiedene Tomatensorten und -farben zu mischen wie Piccolo, Red Tiger, Green Tiger und gelbe Tomaten)
- 1 Esslöffel grobkörniges Salz

ZUBEREITUNG

Das Olivenöl in einem breiten Topf erhitzen. Knoblauch und Chili hinzugeben und anbraten, bis sie leicht goldbraun sind.
Die Tomaten und das Salz hinzufügen und unter gelegentlichem Rühren bei hoher Temperatur kochen.
Sobald die Tomaten ihren Saft abgeben, die Temperatur reduzieren und noch 15 Minuten köcheln lassen, bis sie weich sind.
Ein feines Sieb auf eine große Schüssel setzen und 1/3 der Sauce in das Sieb gießen und mit einem Holzlöffel durchdrücken, sodass der Saft vollständig aus den Tomaten herausgepresst wird.
Tomatenschalen und -kerne wegwerfen.
Wiederholen, bis die ganze Sauce durchpassiert ist.
Die Tomatensauce kann bis zu zwei Wochen in einem luftdichten Behälter eingefroren werden.

LEVEL: MITTEL

ERGIBT
CA. 150–220 ML

HARISSA

ZUTATEN

- 250 g getrocknete Chillischoten
- 2 Knoblauchzehen
- 1 Teelöffel Salz
- 1 Esslöffel frisch gepresster Zitronensaft
- 120 ml natives Olivenöl extra

ZUBEREITUNG

Die Chillischoten 30 Minuten in lauwarmes Wasser legen, bis sie weich sind. Die Spitzen abschneiden und die Kerne entfernen.
Chillischoten, Knoblauch, Salz und Zitronensaft in die Schüssel einer Küchenmaschine geben. Auf mittlerer Stufe zerkleinern und dabei langsam das Olivenöl zugießen.
Sobald sich eine Paste gebildet hat, auf die höchste Stufe schalten und den Rest des Olivenöls dazugeben.
Die Paste sollte leuchtend rot sein und eine ölige Konsistenz aufweisen.

LEVEL: KOMPLEX

ERGIBT 450 G STARTERKULTUR

STARTERKULTUR FÜR SAUERTEIG

ZUTATEN

Erster Schritt
1 Esslöffel Honig
100 g Mehl
100 ml Wasser

Zweiter Schritt
100 g Mehl
150 ml Wasser

ZUBEREITUNG

Alle Zutaten für den ersten Schritt in einer Schüssel vermischen. Die Schüssel mit einem sauberen Küchenhandtuch abdecken und an einen warmen Ort stellen. Bei Zimmertemperatur die Starterkultur ungefähr 48 bis 72 Stunden gären lassen.

Die Zutaten für den zweiten Schritt hinzufügen, gut durchmischen und die Masse weitere 6 bis 8 Stunden ruhen lassen, bis sie gärt und zahlreiche Blasen schlägt. Nun kann entweder der zweite Schritt einmal täglich wiederholt werden – wobei die Hälfte der Starterkultur weggegossen wird, bevor die Zutaten hinzugefügt werden –, bis die Starterkultur einen beißenden Geruch entwickelt (nach ungefähr einer Woche), oder man beginnt damit zu experimentieren.

Die Starterkultur kann in einem luftdichten Behälter mehrere Wochen im Kühlschrank aufbewahrt werden. Am Tag vor der geplanten Weiterverwendung aus dem Kühlschrank nehmen und nochmals den zweiten Schritt ausführen.

LEVEL: KOMPLEX

ERGIBT 360 ML

EINGELEGTE ZITRONEN

ZUTATEN

6 Zitronen, der Breite nach in 5 mm dicke Scheiben geschnitten
3 Esslöffel grobkörniges Salz
1 Esslöffel süßes Paprikapulver
60 ml Olivenöl

ZUBEREITUNG

Den Boden eines sterilisierten Glasgefäßes (2 l) mit einer Schicht der Zitronenscheiben auslegen. Ein wenig Salz und Paprikapulver darüberstreuen. Diesen Vorgang schichtweise mit dem Rest der Zitronenscheiben wiederholen.

Mit einem schmaleren Glas die Zitronen im Glasgefäß zusammendrücken, bis sie etwas weich sind und ihren Saft abgeben.

Das Olivenöl direkt über die Zitronenscheiben und um das schmalere Gefäß herum gießen. Gut mit Frischhaltefolie oder einem Deckel verschließen und für einen Monat an einem dunklen Ort aufbewahren.

GLOSSAR

Halal und Hamim, Malabi und Manakeesh, Aschkenasim oder Sephardim: Es ist schön zu wissen, um was es sich bei diesen köstlichen Gerichten, frischen Zutaten oder kulturellen und religiösen Begriffen handelt. Betrachten Sie folgende Auflistung insofern als Ihren Spickzettel.

AFIG
Ein etwas streng schmeckender Frühlingskäse aus der Milch von Ziegen oder Schafen, der in der Sonne und der heißen Wüstenluft getrocknet wird.

ARAK
Ein anishaltiges alkoholisches Getränk, das zu nahöstlichen Speisen gereicht wird.

ASCHKENASIM
Die Juden aus Mittel-, Nord- und Osteuropa sowie ihre Gepflogenheiten und kulinarischen Traditionen.

BALADI
Ein arabischer Begriff für „einheimische Sorten".

BIBLISCHE „SIEBEN ARTEN"
Sieben Pflanzen, die in der hebräischen Bibel erwähnt werden und in der Wirtschaft der Region schon immer und auch heute noch eine wichtige Rolle spielen: Weizen, Gerste, Trauben, Oliven, Feigen, Datteln und Granatäpfel.

BSISSA
Eine altbewährte, sehr nahrhafte Zwischenmahlzeit der Beduinen mit einem strengen, rauchigen Aroma – sie besteht aus gerösteten Mehl, das mit Olivenöl, Wasser, Zucker und Salz vermischt wird.

BULGUR
Hartweizen, ein im Nahen Osten sehr beliebtes Getreide. Bulgur wird als Beilage gekocht, in Salaten verwendet oder gemahlen und zu Fladenbroten gebacken.

CALZONE
Eine Art Teigtaschen, die in sephardischen Gemeinden sehr gerne gegessen werden. Spanische und italienische Juden haben sie in Israel eingeführt.

CHALLA
Ein Hefezopf, der traditionell am Sabbat oder an jüdischen Feiertagen gegessen wird.

FALAFEL
Frittierte Bällchen aus pürierten Kichererbsen und Gewürzen, die entweder auf einer Platte oder in einem Pitabrot serviert werden.

FREEKEH
Gerösteter grüner Weizen, der wie Couscous oder Bulgur zubereitet und in Salaten oder als Beilage serviert wird.

GEFILTE FISCH
Gefüllte Fischfrikadellen. Ein traditionelles Gericht der aschkenasischen Juden, welches am Sabbat oder an jüdischen Feiertagen auf den Tisch kommt.

HALAL
Der Begriff bedeutet „erlaubt" oder „zulässig" und betrifft muslimische Vorschriften für das Schächten von Tieren und die Verarbeitung des Fleisches.

HALVA
Eine krümelige Paste aus Sesam, die mit Gewürzen zu Kuchen geformt und als Nachtisch gereicht wird.

HAMIN
Ein langsam geschmorter Eintopf oder Braten, der über Nacht im Backofen bleibt. Er wird häufig am Vorabend des Sabbat vorbereitet, da das Kochen am Sabbat gemäß den jüdischen Speisegesetzen verboten ist.

HUMMUS
Allgegenwärtiges nahöstliches Gericht aus pürierten Kichererbsen, die häufig mit Tahin vermischt werden.

KÖFTE
Eine Art Fleischbällchen, die es überall im Nahen Osten, auf dem Balkan und in zentralasiatischen Regionen gibt.

KOSCHER
Der Begriff beschreibt Lebensmittel und Zubereitungsmethoden, die den jüdischen Speisegesetzen entsprechen.

KREPLACH
Ein jiddisches Wort für kleine gekochte Teigtaschen mit verschiedenen Füllungen, die oft in Suppe serviert werden.

KUBBEH
Gefüllte kleine Klöße aus Bulgur oder Grieß, eine im Nahen Osten gerne gegessene Speise.

KUGEL
Ein langsam gegartes Gericht mit Nudeln oder Kartoffeln, das gewöhnlich von aschkenasischen Juden am Sabbat gegessen wird.

LABANEH
Eine Art entwässerter weißer Käse, der in der israelischen und palästinensischen Küche gerne verwendet wird.

LUBIYA
Ein Begriff für Schwarzaugenbohnen und den Eintopf, der aus ihnen gekocht wird.

MAAMOUL
Süße, krümelige Mürbeteigkekse, die mit verschiedenen Früchten und Nüssen gefüllt werden. Ihr Ursprung liegt in der levantinischen Küche. Sie werden zum Fastenbrechen am Ende des Ramadan gebacken.

MALABI
Eine Art Cremepudding, der im Nahen Osten sehr beliebt ist und aus der arabischen Küche des Mittelalters stammt.

MANAKEESH
Ein Fladenbrot, welches mit viel Olivenöl und unterschiedlichem Belag gebacken wird.

MAQLUBA
Ein gestürzter Auflauf aus Reis und Fleisch, ein grundlegendes Rezept der palästinensischen Küche.

MASAKHAN
Ein sehr verbreitetes arabisches und palästinensisches Gericht, das während der Olivenernte gegessen wird. Es besteht aus mit Gewürzen und Olivenöl gebratenem Huhn und wird auf Pitabrot serviert.

MATFUNA
Im Arabischen bedeutet dies „vergraben", es bezeichnet aber auch eine Zubereitungsmethode der Beduinen, bei der ganze Tiere auf einem Glutbett in einem Erdloch langsam gegart werden.

MEZZE
Kalte oder warme Speisen auf kleinen Tellern, die gemeinsam gegessen werden.

SABRA
Kaktusfeigen. Das Wort bezeichnet in der Umgangssprache auch jemanden, der in Israel geboren ist.

SAYADIEH
Ein klassisches Gericht der Fischer aus Fisch, Meeresfrüchten und Reis, für das ursprünglich billige Fischreste verwendet wurden.

SCHAWARMA
Ein beliebter arabischer Straßensnack aus in Streifen geschnittenem Fleisch, welches mit Salat und Saucen in Pitabrot gegessen wird.

SENIYEH
Eine flache, runde ofenfeste Pfanne, die zum Kochen, Backen und Servieren benutzt wird. Der Begriff bezeichnet auch die Art des Eintopfs, der in ihr gekocht wird.

SEPHARDIM
Die Juden aus Spanien, Nordafrika, dem Irak, der Türkei und vom Balkan sowie ihre Gepflogenheiten und kulinarischen Traditionen.

SHAKSHUKA
Ein in Israel sehr beliebtes Gericht aus Eiern, die in einer dickflüssigen Tomatensauce – manchmal noch mit anderem Gemüse – gekocht werden.

SHAMI-KÜCHE
Die Küche Großsyriens.

SOFRITO
Ein Schmorgericht der Sephardim, welches im ganzen Mittelmeerraum beliebt ist.

SUMAK
Ein Gewürz aus den gemahlenen tiefroten Beeren des Färberbaumes und ein Bestandteil der Gewürzmischung Zatar.

TABUN
Eine Art Tonofen, der seit Generationen von den Palästinensern genutzt wird, um Brot zu backen oder Eintöpfe und Fleischgerichte zu garen.

TAHIN
Eine Sauce aus gerösteten Sesamsamen, die häufig mit Hummus vermischt oder über verschiedene Gerichte geträufelt wird.

ZATAR
Eine Gewürzmischung, die gewöhnlich aus gemahlenen und getrockneten Ysopblättern, geröstetem Sesam, Sumak und Salz hergestellt wird.

INDEX A–I

A

Anaheim-Chili
- 110 Carpaccio aus Roter Beete
- 108 Fenchelsalat
- 266 Gedämpfte Fischfilets mit einer Sauce aus gelben Tomaten
- 38 Gemüsesalat aus Acre
- 202 Lamm-Schawarma mit Tahin
- 248 Marinierte Aubergine
- 138 Meeresfrüchte aus der Pfanne
- 184 Okra in Tomatensauce
- 36 Raukesalat mit Feigen und Sabras
- 242 Salat mit Melone, Ziegenkäse und Minze
- 246 Salat mit Rauke und rohen Artischoken
- 130 Sashimi mit pinker Grapefruit
- 254 Shakshuka mit Aubergine
- 182 Suppe mit Mangold und Fleischbällchen

Aprikosen, getrocknet
- 268 Coucous mit getrockneten Früchten

Artischocken
- 246 Salat mit Rauke und rohen Artischoken

Auberginen
- 194 Gefüllte sephardische Teigtaschen
- 256 Israelische Ratatouille
- 248 Marinierte Aubergine
- 254 Shakshuka mit Aubergine

B

Backpflaumen
- 268 Coucous mit getrockneten Früchten

190 Bagels aus Sauerteig

Baharat Gewürzmischung
- 198 Huhn-Sofrito aus Jerusalem

78 Baklava mit Datteln und Mandeln

Basilikum
- 74 Lubiya mit Lamm
- 60 Nablus Kubbeh
- 184 Okra in Tomatensauce
- 240 Salat aus verschiedenen Tomaten

Basmati Reis
- 204 Mit Reis und Lamm gefüllter Eichelkürbis
- 68 Sayadieh – Fisch mit Reis

Birnen
- 80 In Weißwein pochierte Birnen

Blätterteig
- 78 Baklava mit Datteln und Mandeln
- 82 Tarte Tatin mit Quitten

106 Blattsalat mit Orangen und Parmesan

Blumenkohl
- 174 Salat mit geröstetem Blumenkohl und Kichererbsen

Bulgur
- 136 Bulgur-Risotto mit Krebsen

136 Bulgur-Risotto mit Krebsen

Butternut-Kürbis
- 66 Gegrillter Zackenbarsch mit Weißwein, Kürbis und Olivenöl

C

58 Calzone mit Tsfatit-Käse
110 Carpaccio aus Roter Beete
192 Challa-Brot

Chilipfeffer
- 256 Israelische Ratatouille

Chilischote, grün
- 52 Lahm Bi Ajin
- 144 Lamm-Spareribs mit Orangenmarinade
- 40 Salat mit Spargel und Freekeh
- 46 Warmer Spinat-Salat mit Joghurtdressing

Chilischote, rot
- 62 Fisch-Sanieh mit Tahin
- 52 Lahm Bi Ajin
- 74 Lubiya mit Lamm

Couscous
- 268 Coucous mit getrockneten Früchten

268 Coucous mit getrockneten Früchten

D

Datteln, getrocknet
- 268 Coucous mit getrockneten Früchten

Dattelpflaumen
- 280 Obstsalat mit Zitronenverbenensirup

E

Echter Bonito
- 250 In Öl eingelegter echter Bonito
- 252 Tunesischer Salat mit eingelegtem Fisch

Eichelkürbis
- 204 Mit Reis und Lamm gefüllter Eichelkürbis

Eier
- 78 Baklava mit Datteln und Mandeln
- 134 Fisch in einer Salz-Kräuter-Hülle
- 48 Gebackene Eier
- 140 Gedämpfte Teigtaschen mit Garnelen
- 194 Gefüllte sephardische Teigtaschen
- 260 Getrocknete Saubohnen nach ägyptischer Art
- 196 Jerusalem-Kugel
- 178 Kräuteromelett
- 148 Kuchen mit Trockenfrüchten
- 76 Maamoul mit Datteln und Mandeln
- 210 Makkaroni-Hamin
- 216 Marzipankekse
- 60 Nablus Kubbeh
- 218 Orangen-Grießkuchen
- 220 Orangen-Mohn-Strudel
- 150 Pistazienkuchen
- 254 Shakshuka mit Aubergine
- 182 Suppe mit Mangold und Fleischbällchen
- 84 Tarte mit Feigen und Mascarpone
- 252 Tunesischer Salat mit eingelegtem Fisch

Eiernudeln
- 196 Jerusalem-Kugel

Eiertomaten
- 74 Lubiya mit Lamm
- 184 Okra in Tomatensauce

120 Eingelegter Hering mit Bruschetta

Erdbeeren
- 280 Obstsalat mit Zitronenverbenensirupt

F

258 Falafel

Feigen
- 148 Kuchen mit Trockenfrüchten
- 36 Raukesalat mit Feigen und Sabras
- 84 Tarte mit Feigen und Mascarpone

Fenchel
- 108 Fenchelsalat

62 Fisch-Sanieh mit Tahin
200 Lammfrikadellen mit Fenchel

108 **Fenchelsalat**

Fetakäse
240 Salat aus verschiedenen Tomaten
242 Salat mit Melone,
 Ziegenkäse und Minze

134 **Fisch in einer Salz-Kräuter-Hülle**

Fischfond
136 Bulgur-Risotto mit Krebsen
140 Gedämpfte Teigtaschen
 mit Garnelen
138 Meeresfrüchte aus der Pfanne
68 Sayadieh – Fisch mit Reis
262 Suppe mit Fisch
 und Meeresfrüchten
128 Suppe mit Zackenbarschköpfen
 und Lauch-Kreplach

286 **Fischfond**

62 **Fisch-Sanieh mit Tahin**

122 **Focaccia mit verschiedenen Körnern**

Freekeh
40 Salat mit Spargel und Freekeh

Frühlingszwiebeln
134 Fisch in einer Salz-Kräuter-Hülle
116 Gebackene Süßkartoffeln
 mit Joghurt
74 Lubiya mit Lamm
130 Sashimi mit pinker Grapefruit
46 Warmer Spinat-Salat
 mit Joghurtdressing

G

Garnelen
140 Gedämpfte Teigtaschen
 mit Garnelen
138 Meeresfrüchte aus der Pfanne
262 Suppe mit Fisch
 und Meeresfrüchten

48 **Gebackene Eier**

116 **Gebackene Süßkartoffeln
 mit Joghurt**

70 **Gebratene Lammkoteletts**

146 **Gebratene Lammschulter**

132 **Gebratene Rotbarben**

112 **Gebratener Rotkohl**

270 **Gebratenes Huhn mit
 Knoblauch und Kartoffeln**

266 **Gedämpfte Fischfilets mit
 einer Sauce aus gelben Tomaten**

140 **Gedämpfte Teigtaschen mit Garnelen**

64 **Gefilte-Fisch-Bratlinge aus Tiberias**

194 **Gefüllte sephardische Teigtaschen**

264 **Gegrillte Sardinen mit Harissa**

66 **Gegrillter Zackenbarsch mit
 Weißwein, Kürbis und Olivenöl**

Gemüsefond
114 Lauch-Confit
118 Linsen mit Granatapfel
180 Suppe aus Jerusalem-Artischocken
128 Suppe mit Zackenbarschköpfen
 und Lauch-Kreplach

286 **Gemüsefond**

38 **Gemüsesalat aus Acre**

186 **Geröstete Karotten mit
 Granatapfel-Zitrus-Sauce**

260 **Getrocknete Saubohnen
 nach ägyptischer Art**

Granatapfel
280 Obstsalat mit
 Zitronenverbenensirup

Granatapfelkerne
110 Carpaccio aus Roter Beete

Granatapfelkonzentrat
186 Geröstete Karotten mit
 Granatapfel-Zitrus-Sauce
142 Langsam gegartes Rinder-Brisket
118 Linsen mit Granatapfel
204 Mit Reis und Lamm
 gefüllter Eichelkürbis
240 Salat aus verschiedenen Tomaten
244 Warmer Kartoffelsalat mit
 grünen Bohnen und Oliven

Granatapfelsaft
112 Gebratener Rotkohl
118 Linsen mit Granatapfel

Grapefruit
130 Sashimi mit pinker Grapefruit

Grieß
76 Maamoul mit Datteln und Mandeln
218 Orangen-Grießkuchen

Grüne Bohnen
244 Warmer Kartoffelsalat mit
 grünen Bohnen und Oliven

Gurken
38 Gemüsesalat aus Acre

H

Halva
152 Halvaschnecken mit Schokolade

152 **Halvaschnecken mit Schokolade**

Harissa
264 Gegrillte Sardinen mit Harissa
252 Tunesischer Salat
 mit eingelegtem Fisch

293 **Harissa**

Hecht
64 Gefilte-Fisch-Bratlinge aus Tiberias

Heilbutt
266 Gedämpfte Fischfilets mit
 einer Sauce aus gelben Tomaten

Hering
120 Eingelegter Hering mit Bruschetta

Honig
122 Focaccia mit verschiedenen Körnern
144 Lamm-Spareribs
 mit Orangenmarinade
248 Marinierte Aubergine
124 Süße Focaccia mit Orangen

Honigmelone
242 Salat mit Melone,
 Ziegenkäse und Minze

Hühnerfleisch
270 Gebratenes Huhn mit
 Knoblauch und Kartoffeln
198 Huhn-Sofrito aus Jerusalem
72 Masakhan – Gebratenes Huhn
 mit Zwiebeln

Hühnerfond
114 Lauch-Confit
200 Lammfrikadellen mit Fenchel
126 Hühnersuppe mit
 orangefarbenem Gemüse
180 Suppe aus Jerusalem-Artischocken
182 Suppe mit Mangold und
 Fleischbällchen

289 **Hühnerfond**

Hühnerschlegel
126 Hühnersuppe mit
 orangefarbenem Gemüse
210 Makkaroni-Hamin

126 **Hühnersuppe mit
 orangefarbenem Gemüse**

198 **Huhn-Sofrito aus Jerusalem**

I

250 **In Öl eingelegter echter Bonito**

80 **In Weißwein pochierte Birnen**

256 **Israelische Ratatouille**

INDEX J–R

J

Jerusalem-Artischocke (Topinambur)
   180 Suppe aus Jerusalem-Artischocken
188 Jerusalem-Bagels
196 Jerusalem-Kugel
Joghurt
   116 Gebackene Süßkartoffeln
       mit Joghurt
   46 Warmer Spinat-Salat
       mit Joghurtdressing

K

Kalamata Oliven
   252 Tunesischer Salat
       mit eingelegtem Fisch
   244 Warmer Kartoffelsalat mit
       grünen Bohnen und Oliven
Kalbfleisch
   272 Kebab-Spieße
Karotten
   64 Gefilte-Fisch-Bratlinge aus Tiberias
   186 Geröstete Karotten mit
       Granatapfel-Zitrus-Sauce
   126 Hühnersuppe mit
       orangefarbenem Gemüse
   256 Israelische Ratatouille
   204 Mit Reis und Lamm
       gefüllter Eichelkürbis
   128 Suppe mit Zackenbarschköpfen
       und Lauch-Kreplach
Karpfen
   64 Gefilte-Fisch-Bratlinge aus Tiberias
Kartoffeln
   270 Gebratenes Huhn mit
       Knoblauch und Kartoffeln
   198 Huhn-Sofrito aus Jerusalem
   210 Makkaroni-Hamin
   252 Tunesischer Salat
       mit eingelegtem Fisch
   244 Warmer Kartoffelsalat mit
       grünen Bohnen und Oliven
272 Kebab-Spieße
Kichererbsen
   258 Falafel
   204 Mit Reis und Lamm
       gefüllter Eichelkürbis
   174 Salat mit geröstetem Blumenkohl
       und Kichererbsen

Kirschtomaten
   132 Gebratene Rotbarben
   44 Raukesalat mit Tomaten,
       Labaneh und Sumak
   240 Salat aus verschiedenen Tomaten
   254 Shakshuka mit Aubergine
Kirschtomaten, gelb
   266 Gedämpfte Fischfilets mit
       einer Sauce aus gelben Tomaten
   240 Salat aus verschiedenen Tomaten
Koriander
   258 Falafel
   198 Huhn-Sofrito aus Jerusalem
   74 Lubiya mit Lamm
178 Kräuteromelett
Krebse
   136 Bulgur-Risotto mit Krebsen
   138 Meeresfrüchte aus der Pfanne
Kreuzkümmel
   258 Falafel
   62 Fisch-Sanieh mit Tahin
   260 Getrocknete Saubohnen
       nach ägyptischer Art
   272 Kebab-Spieße
   202 Lamm-Schawarma mit Tahin
148 Kuchen mit Trockenfrüchten
Kürbis
   64 Gefilte-Fisch-Bratlinge aus Tiberias
   126 Hühnersuppe mit
       orangefarbenem Gemüse
Kürbiskerne
   122 Focaccia mit verschiedenen Körnern
Kurkuma
   136 Bulgur-Risotto mit Krebsen
   198 Huhn-Sofrito aus Jerusalem
   68 Sayadieh – Fisch mit Reis

L

Labaneh
   44 Raukesalat mit Tomaten,
       Labaneh und Sumak
   176 Salat mit Baby-Zucchini
       und Labaneh
42 Labaneh
52 Lahm Bi Ajin
Lammfleisch
   70 Gebratene Lammkoteletts
   146 Gebratene Lammschulter
   272 Kebab-Spieße
   208 Lamm-Kasserolle mit Zitrone,
       Rosmarin und Knoblauch
   202 Lamm-Schawarma mit Tahin
   144 Lamm-Spareribs
       mit Orangenmarinade
   74 Lubiya mit Lamm
Lammfleisch, gehackt
   194 Gefüllte sephardische Teigtaschen
   52 Lahm Bi Ajin
   200 Lammfrikadellen mit Fenchel
   204 Mit Reis und Lamm
       gefüllter Eichelkürbis
200 Lammfrikadellen mit Fenchel
**208 Lamm-Kasserolle mit Zitrone,
       Rosmarin und Knoblauch**
202 Lamm-Schawarma mit Tahin
**144 Lamm-Spareribs
       mit Orangenmarinade**
**274 Langsam gebratene Rindsschulter
       mit Zwiebeln**
142 Langsam gegartes Rinder-Brisket
Lauch
   132 Gebratene Rotbarben
   52 Lahm Bi Ajin
   114 Lauch-Confit
   128 Suppe mit Zackenbarschköpfen
       und Lauch-Kreplach
114 Lauch-Confit
Linsen
   118 Linsen mit Granatapfel
118 Linsen mit Granatapfel
   74 Lubiya mit Lamm

M

76 Maamoul mit Datteln und Mandeln
Makkaroni
   210 Makkaroni-Hamin
210 Makkaroni-Hamin
**212 Malabi-Pudding mit Rosenwasser
       und Sirup aus Wildbeeren**
50 Manakeesh – Fladenbrot mit Belag
Mandelextrakt
   148 Kuchen mit Trockenfrüchten
   214 Mandelrührkuchen
   216 Marzipankekse
   276 Mit Marzipan gefüllte Datteln
   150 Pistazienkuchen
Mandelmehl
   216 Marzipankekse
Mandeln
   268 Coucous mit getrockneten
       Früchten
Mandeln, gemahlen
   78 Baklava mit Datteln und Mandeln

148 Kuchen mit Trockenfrüchten
76 Maamoul mit Datteln und Mandeln
214 Mandelrührkuchen
276 Mit Marzipan gefüllte Datteln

214 **Mandelrührkuchen**

Mangold
178 Kräuteromelett
182 Suppe mit Mangold und Fleischbällchen

248 **Marinierte Aubergine**

216 **Marzipankekse**

72 **Masakhan – Gebratenes Huhn mit Zwiebeln**

Medjool Datteln
78 Baklava mit Datteln und Mandeln
148 Kuchen mit Trockenfrüchten
76 Maamoul mit Datteln und Mandeln
276 Mit Marzipan gefüllte Datteln

Meerbrassen
134 Fisch in einer Salz-Kräuter-Hülle

138 **Meeresfrüchte aus der Pfanne**

Minze
106 Blattsalat mit Orangen und Parmesan
146 Gebratene Lammschulter
38 Gemüsesalat aus Acre
242 Salat mit Melone, Ziegenkäse und Minze
46 Warmer Spinat-Salat mit Joghurtdressing

276 **Mit Marzipan gefüllte Datteln**

206 **Mit Reis und Fleisch gefüllte Zwiebeln**

204 **Mit Reis und Lamm gefüllter Eichelkürbis**

Mohn, gemahlen
220 Orangen-Mohn-Strudel

Muscovado Zucker
78 Baklava mit Datteln und Mandeln

N

60 **Nablus Kubbeh**

Nelken
80 In Weißwein pochierte Birnen

O

280 **Obstsalat mit Zitronenverbenensirup**

Okra
184 Okra in Tomatensauce

184 **Okra in Tomatensauce**

Orangen
280 Obstsalat mit Zitronenverbenensirup
106 Blattsalat mit Orangen und Parmesan
124 Süße Focaccia mit Orangen
240 Salat aus verschiedenen Tomaten
258 Falafel
66 Gegrillter Zackenbarsch mit Weißwein, Kürbis und Olivenöl
180 Suppe aus Jerusalem-Artischocken
50 Manakeesh – Fladenbrot mit Belag
110 Carpaccio aus Roter Beete
70 Gebratene Lammkoteletts
54 Zatar-Teigtaschen

Orangenblütenextrakt
220 Orangen-Mohn-Strudel
78 Baklava mit Datteln und Mandeln
76 Maamoul mit Datteln und Mandeln
218 Orangen-Grießkuchen

Orangenlikör
220 Orangen-Mohn-Strudel
124 Süße Focaccia mit Orangen

218 **Orangen-Grießkuchen**

220 **Orangen-Mohn-Strudel**

P

Paprika
136 Bulgur-Risotto mit Krebsen
258 Falafel
270 Gebratenes Huhn mit Knoblauch und Kartoffeln
194 Gefüllte sephardische Teigtaschen
210 Makkaroni-Hamin
50 Manakeesh – Fladenbrot mit Belag
72 Masakhan – Gebratenes Huhn mit Zwiebeln
60 Nablus Kubbeh
184 Okra in Tomatensauce
182 Suppe mit Mangold und Fleischbällchen

Paprikaschote
256 Israelische Ratatouille

Petersilie
106 Blattsalat mit Orangen und Parmesan
258 Falafel
134 Fisch in einer Salz-Kräuter-Hülle
116 Gebackene Süßkartoffeln mit Joghurt
70 Gebratene Lammkoteletts
112 Gebratener Rotkohl
140 Gedämpfte Teigtaschen mit Garnelen
194 Gefüllte sephardische Teigtaschen
38 Gemüsesalat aus Acre
272 Kebab-Spieße
200 Lammfrikadellen mit Fenchel
202 Lamm-Schawarma mit Tahin
74 Lubiya mit Lamm
248 Marinierte Aubergine
206 Mit Reis und Fleisch gefüllte Zwiebeln
204 Mit Reis und Lamm gefüllter Eichelkürbis
36 Raukesalat mit Feigen und Sabras
40 Salat mit Spargel und Freekeh
182 Suppe mit Mangold und Fleischbällchen
128 Suppe mit Zackenbarschköpfen und Lauch-Kreplach
244 Warmer Kartoffelsalat mit grünen Bohnen und Oliven

Pistazien
148 Kuchen mit Trockenfrüchten
150 Pistazienkuchen
68 Sayadieh – Fisch mit Reis

150 **Pistazienkuchen**

Puderzucker
220 Orangen-Mohn-Strudel
216 Marzipankekse

Q

Quitten
82 Tarte Tatin mit Quitten

R

Rauke
246 Salat mit Rauke und rohen Artischoken

36 **Raukesalat mit Feigen und Sabras**

44 **Raukesalat mit Tomaten, Labaneh und Sumak**

Red Snapper
62 Fisch-Sanieh mit Tahin
266 Gedämpfte Fischfilets mit einer Sauce aus gelben Tomaten
68 Sayadieh – Fisch mit Reis

Reismehl
154 Reispudding

154 **Reispudding**

INDEX

INDEX R–Z

Ricotta
    58 Calzone mit Tsfatit-Käse
Rinderfond
    268 Coucous mit getrockneten Früchten
    274 Langsam gebratene Rindsschulter mit Zwiebeln
    182 Suppe mit Mangold und Fleischbällchen
289 Rinderfond
Rindfleisch
    268 Coucous mit getrockneten Früchten
    274 Langsam gebratene Rindsschulter mit Zwiebeln
    142 Langsam gegartes Rinder-Brisket
Rindfleisch, gehackt
    206 Mit Reis und Fleisch gefüllte Zwiebeln
    182 Suppe mit Mangold und Fleischbällchen
Rispentomaten
    74 Lubiya mit Lamm
    184 Okra in Tomatensauce
Römersalat
    38 Gemüsesalat aus Acre
Rosenwasserextrakt
    212 Malabi-Pudding mit Rosenwasser und Sirup aus Wildbeeren
Rosmarin
    134 Fisch in einer Salz-Kräuter-Hülle
    146 Gebratene Lammschulter
    208 Lamm-Kasserolle mit Zitrone, Rosmarin und Knoblauch
Rotbarbe
    132 Gebratene Rotbarben
Rote Beete
    110 Carpaccio aus Roter Beete
    182 Suppe mit Mangold und Fleischbällchen
Rotkohl
    112 Gebratener Rotkohl

S

Sabra
    36 Raukesalat mit Feigen und Sabras
Safran
    262 Suppe mit Fisch und Meeresfrüchten
240 Salat aus verschiedenen Tomaten
176 Salat mit Baby-Zucchini und Labaneh
174 Salat mit geröstetem Blumenkohl und Kichererbsen
242 Salat mit Melone, Ziegenkäse und Minze
246 Salat mit Rauke und rohen Artischoken
40 Salat mit Spargel und Freekeh
278 Sandteiggebäck
Sardinen
    264 Gegrillte Sardinen mit Harissa
130 Sashimi mit pinker Grapefruit
Saubohnen, getrocknet
    260 Getrocknete Saubohnen nach ägyptischer Art
Sauerteigbrot
    120 Eingelegter Hering mit Bruschetta
56 Sauerteigbrot
294 Sauerteig Starterkultur
68 Sayadieh – Fisch mit Reis
Schalotten
    140 Gedämpfte Teigtaschen mit Garnelen
Schlagsahne
    212 Malabi-Pudding mit Rosenwasser und Sirup aus Wildbeeren
Schokolade
    152 Halvaschnecken mit Schokolade
Schwarzaugenbohnen
    74 Lubiya mit Lamm
Schwarze Oliven
    36 Raukesalat mit Feigen und Sabras
Schwarzer Zackenbarsch
    62 Fisch-Sanieh mit Tahin
    68 Sayadieh – Fisch mit Reis
Seebarsch
    62 Fisch-Sanieh mit Tahin
    266 Gedämpfte Fischfilets mit einer Sauce aus gelben Tomaten
    66 Gegrillter Zackenbarsch mit Weißwein, Kürbis und Olivenöl
    68 Sayadieh – Fisch mit Reis
Seezunge
    266 Gedämpfte Fischfilets mit einer Sauce aus gelben Tomaten
Sellerie
    128 Suppe mit Zackenbarschköpfen und Lauch-Kreplach
Sesamsamen
    122 Focaccia mit verschiedenen Körnern
    188 Jerusalem-Bagels

254 Shakshuka mit Aubergine
Sodawasser
    272 Kebab-Spieße
Spargel
    40 Salat mit Spargel und Freekeh
Spinat
    178 Kräuteromelett
    46 Warmer Spinat-Salat mit Joghurtdressing
Sumak
    48 Gebackene Eier
    50 Manakeesh – Fladenbrot mit Belag
    44 Raukesalat mit Tomaten, Labaneh und Sumak
180 Suppe aus Jerusalem-Artischocken
262 Suppe mit Fisch und Meeresfrüchten
182 Suppe mit Mangold und Fleischbällchen
128 Suppe mit Zackenbarschköpfen und Lauch-Kreplach
124 Süße Focaccia mit Orangen
Süßkartoffeln
    116 Gebackene Süßkartoffeln mit Joghurt
    126 Hühnersuppe mit orangefarbenem Gemüse

T

Tahin, roh
    62 Fisch-Sanieh mit Tahin
Tahin-Sauce
    258 Falafel
    260 Getrocknete Saubohnen nach ägyptischer Art
    202 Lamm-Schawarma mit Tahin
    174 Salat mit geröstetem Blumenkohl und Kichererbsen
290 Tahin-Sauce
84 Tarte mit Feigen und Mascarpone
82 Tarte Tatin mit Quitten
Thymian
    108 Fenchelsalat
    134 Fisch in einer Salz-Kräuter-Hülle
    70 Gebratene Lammkoteletts
    132 Gebratene Rotbarben
    266 Gedämpfte Fischfilets mit einer Sauce aus gelben Tomaten
    186 Geröstete Karotten mit Granatapfel-Zitrus-Sauce
    256 Israelische Ratatouille

144 Lamm-Spareribs
mit Orangenmarinade
248 Marinierte Aubergine
206 Mit Reis und Fleisch
gefüllte Zwiebeln
280 Obstsalat mit
Zitronenverbenensirup
254 Shakshuka mit Aubergine
124 Süße Focaccia mit Orangen
244 Warmer Kartoffelsalat mit
grünen Bohnen und Oliven

Tintenfisch
68 Sayadieh – Fisch mit Reis
Meeresfrüchte aus der Pfanne
262 Suppe mit Fisch
und Meeresfrüchten

Tomaten
120 Eingelegter Hering mit Bruschetta
62 Fisch-Sanieh mit Tahin
38 Gemüsesalat aus Acre
256 Israelische Ratatouille
202 Lamm-Schawarma mit Tahin
36 Raukesalat mit Feigen und Sabras
44 Raukesalat mit Tomaten,
Labaneh und Sumak
240 Salat aus verschiedenen Tomaten
252 Tunesischer Salat
mit eingelegtem Fisch

Tomaten, aus der Dose
206 Mit Reis und Fleisch
gefüllte Zwiebeln
182 Suppe mit Mangold und
Fleischbällchen

Tomatenpüree
210 Makkaroni-Hamin

Tomatensauce
136 Bulgur-Risotto mit Krebsen
262 Suppe mit Fisch
und Meeresfrüchten
128 Suppe mit Zackenbarschköpfen
und Lauch-Kreplach

293 Tomatensauce, Basisrezept
252 Tunesischer Salat
mit eingelegtem Fisch

W

Waldbeeren
212 Malabi-Pudding mit Rosenwasser
und Sirup aus Wildbeeren

Walnüsse
112 Gebratener Rotkohl
276 Mit Marzipan gefüllte Datteln

244 Warmer Kartoffelsalat mit
grünen Bohnen und Oliven

46 Warmer Spinat-Salat
mit Joghurtdressing

Weißes Fischfilet
266 Gedämpfte Fischfilets mit
einer Sauce aus gelben Tomaten
64 Gefilte-Fisch-Bratlinge aus Tiberias
60 Nablus Kubbeh
130 Sashimi mit pinker Grapefruit
68 Sayadieh – Fisch mit Reis
262 Suppe mit Fisch
und Meeresfrüchten

Weißwein
80 In Weißwein pochierte Birnen
208 Lamm-Kasserolle mit Zitrone,
Rosmarin und Knoblauch

Z

Zackenbarsch
62 Fisch-Sanieh mit Tahin
66 Gegrillter Zackenbarsch mit
Weißwein, Kürbis und Olivenöl
68 Sayadieh – Fisch mit Reis
128 Suppe mit Zackenbarschköpfen
und Lauch-Kreplach

Zatar
44 Raukesalat mit Tomaten,
Labaneh und Sumak
180 Suppe aus Jerusalem-Artischocken

290 Zatar-Gewürzmischung
54 Zatar-Teigtaschen

Zimt
268 Couscous mit getrockneten
Früchten
204 Mit Reis und Lamm
gefüllter Eichelkürbis
154 Reispudding
82 Tarte Tatin mit Quitten

Zitronen
134 Fisch in einer Salz-Kräuter-Hülle
270 Gebratenes Huhn mit
Knoblauch und Kartoffeln
132 Gebratene Rotbarben
64 Gefilte-Fisch-Bratlinge aus Tiberias
38 Gemüsesalat aus Acre
208 Lamm-Kasserolle mit Zitrone,
Rosmarin und Knoblauch
174 Salat mit geröstetem Blumenkohl
und Kichererbsen
246 Salat mit Rauke
und rohen Artischocken

Zitronen, eingelegt
138 Meeresfrüchte aus der Pfanne
252 Tunesischer Salat
mit eingelegtem Fisch

294 Zitronen, eingelegt

Zitronenverbene
80 In Weißwein pochierte Birnen
280 Obstsalat mit
Zitronenverbenensirup
242 Salat mit Melone,
Ziegenkäse und Minze

Zucchini
176 Salat mit Baby-Zucchini
und Labaneh

Zwiebeln
268 Couscous mit getrockneten
Früchten
258 Falafel
62 Fisch-Sanieh mit Tahin
270 Gebratenes Huhn mit
Knoblauch und Kartoffeln
64 Gefilte-Fisch-Bratlinge
aus Tiberias
194 Gefüllte sephardische Teigtaschen
38 Gemüsesalat aus Acre
126 Hühnersuppe mit
orangefarbenem Gemüse
196 Jerusalem-Kugel
272 Kebab-Spieße
178 Kräuteromelett
52 Lahm Bi Ajin
274 Langsam gebratene Rindsschulter
mit Zwiebeln
118 Linsen mit Granatapfel
50 Manakeesh – Fladenbrot
mit Belag
72 Masakhan – Gebratenes Huhn
mit Zwiebeln
204 Mit Reis und Lamm
gefüllter Eichelkürbis
68 Sayadieh – Fisch mit Reis
180 Suppe aus Jerusalem-Artischocken
262 Suppe mit Fisch
und Meeresfrüchten
182 Suppe mit Mangold und
Fleischbällchen

Zwiebeln, rot
120 Eingelegter Hering mit Bruschetta
66 Gegrillter Zackenbarsch mit
Weißwein, Kürbis und Olivenöl
256 Israelische Ratatouille
202 Lamm-Schawarma mit Tahin
44 Raukesalat mit Tomaten,
Labaneh und Sumak
254 Shakshuka mit Aubergine
252 Tunesischer Salat
mit eingelegtem Fisch

IMPRESSUM

ABRAHAMS KÜCHE

Neue Esskultur und Rezepte aus Israel und Palästina

David Haliva dankt besonders Keren Rattenbach, Keren Friedland, Hadar Makov, David Laxer, Aviram Mazayov und Elianna Bar-El.

Herausgeben von **David Haliva**, **Sven Ehmann** und **Robert Klanten**
Recherche und Texte: **Ronit Vered**
Übersetzung aus dem Englischen: **Petra Gaines**
Lektorat: **Anja Sackarendt**
Zusätzliche Texte, Lektorat und Recherche: **Giulia Pines**

Koch: **Avner Laskin**
Souschef: **Adam Mizrachi**
Food Styling: **Nurit Kariv**

Fotos: **Dan Perez**
Fotoassistent: **Nicky Trok**

Covergestaltung und Layout: **Ludwig Wendt**, **Léon Giogoli** und **David Haliva**
Creative Direction Design: **Ludwig Wendt** und **David Haliva**
Titelbild: **Dan Perez**
Schriften: **Avenir** von **Adrian Frutiger**, **Adobe Garamond Pro** von **Claude Garamond** und **Robert Slimbach**
Zusätzliche Fotos: **Sivan Askayo** (S. 5, 6, 8 oben, 56, Titelrückseite unten rechts), **Sean Pavone/Shutterstock** (S. 160), **Posztos/Shutterstock** (S. 291), **Amarita/Shutterstock** (p. 97 oben rechts) und **Protasov AN/Shutterstock** (S. 87)

Projektmanagement: **Adam Jackman** und **Silvena Ivanova**
Korrektorat: **Michael Ammann**

Druck: **Nino Druck GmbH, Neustadt/Weinstraße**
Printed in Germany

Erschienen bei **Gestalten**, Berlin 2016
ISBN 978-3-89955-666-7

Englische Ausgabe, ISBN 978-3-89955-642-1

© Die Gestalten Verlag GmbH & Co. KG, Berlin 2016
Das Werk ist einschließlich aller seiner Teile urheberrechtlich geschützt. Jede Verwendung ist ohne schriftliche Genehmigung des Verlags unzulässig. Dies gilt insbesondere für Vervielfältigung, Mikroverfilmung sowie Einspeicherung und Verarbeitung in elektronischen Systemen.

Respect copyrights, encourage creativity!
Weitere Informationen unter www.gestalten.com.

Bibliografische Information der Deutschen Nationalbibliothek.
Die Deutsche Nationalbibliothek verzeichnet diese Publikation in der Deutschen Nationalbibliografie; detaillierte bibliografische Daten sind im Internet über http://dnb.d-nb.de abrufbar.

Dieses Buch wurde auf FSC®-zertifiziertem Papier gedruckt.